陕西干部学习培训教材

生态宜居的新型城乡建设与实践

中共陕西省委组织部组织编写

西北大学出版社
·西安·

序 言

善于学习，就是善于进步。没有大学习，就难有大发展。当前，世界正经历百年未有之大变局，我国正处于实现中华民族伟大复兴的关键时期，我们面临的发展机遇和风险挑战前所未有。党的十九届五中全会确立了"十四五"经济社会发展主要目标和2035年远景目标，全面建设社会主义现代化国家新征程即将开启。省委十三届八次全会强调，要贯通落实"五项要求"、"五个扎实"，把握新发展阶段、贯彻新发展理念、构建新发展格局，推动高质量发展、创造高品质生活、实现高效能治理，奋力谱写陕西新时代追赶超越新篇章。应对重大挑战，抵御重大风险，推动经济社会高质量发展，把宏伟蓝图变为美好现实，要求各级干部必须更加崇尚学习，持续深化学习，大幅提升"八种本领"、"七种能力"，紧紧跟上时代前进步伐，更好适应事业发展需要。

这批培训教材深入贯彻习近平新时代中国特色社会主义思想和习近平总书记来陕考察重要讲话精神，紧扣高质量发展主题，坚持理论与实践相结合，突出指导性、针对性、操作性，对提高干部的专业能力具有较强的帮助促进作用。全省各级各类干部教育培训要注重用好这批教材，帮助广大党员干部更好提高知识化、专业化水平，增强履职尽责本领，在加快新时代追赶超越、推动高质量发展征程中作出更大贡献、书写精彩华章。

胡广智

2021年1月7日

目 录

■ 生态宜居新型城乡规划

3 "空心村"到"网红村"
　　——袁家村特色发展实践

14 文旅融合推动古镇蜕变
　　——鸡鸣三省青木川

23 关中明珠，互联互通
　　——大西安城市轨道交通发展实践

39 聚焦生态文明
　　——发展中的"旬邑经验"

47 "打造城市绿肺，开启绿色新时尚"
　　——西安浐灞国家湿地公园的实践与探索

■ 智慧城市建设与发展

59 打造"数字名城"
　　——西安智慧城市实践

71 高效信息通信平台
　　——"智慧新广电"剖析挑战抓住机遇

新型城乡生态环境保护

83 "让城市自由呼吸"
　　——西咸新区沣西新城海绵城市建设探索与实践

96 "富平模式"开启综合能源供应
　　——陕西富平高新技术产业开发区综合能源供应示范工程

107 "一波碧水绕长安"
　　——西安护城河改造工程

新型城乡工业遗产保护与再利用

121 打造"文创基地"
　　——西安大华·1935文化创意街区的建设

133 印染厂的"重生"
　　——西北第一印染厂的工业遗产保护与再利用

144 煤矿的"变身"
　　——陕西王石凹煤矿的工业遗产保护与再利用

154 打造"文化校园"
　　——陕西钢厂再利用建设

新型城乡绿色建造技术应用

165 打造新的建筑时尚
　　　——运用绿色建筑原理改造传统民居
173 工业化建造的新形式
　　　——绿色装配式钢结构与喷涂式原竹龙骨组合结构

新型城镇化城市运营管理发展与展望

185 城市管理一体化
　　　——杨凌推进建设特色智慧服务城市
194 打造新时代的未来之城
　　　——筑梦雄安，智慧社会的样本和标杆

207 参考文献

生态宜居新型城乡规划

　　随着城镇化和工业化进程的不断推进，我国的社会结构发生了深刻的变化，人民群众对生活水平和生活质量提出了更高的要求，传统的粗放型城镇化模式，已经不能适应我国政治、经济、文化、生态的发展趋势。以生态宜居、和谐发展为基本特征的城乡规划建设已成为我国城市发展规划的重要指导理念。

　　1996年在联合国人居大会上宜居城市的概念被首次提出，从人本角度对城市宜居性提出了要求。2005年宜居城市的概念正式被引入我国城市规划工作中。2014年中共中央、国务院发布的《国家新型城镇化规划（2014—2020年）》中提出要坚持以创新、协调、绿色、开放、共享的发展理念为引领，明确将建设和谐宜居城市定为重要目标之一。党的十九大报告提出实施乡村振兴战略，建设美丽宜居乡村，并强调"建设生态文明是中华民族永续发展的千年大计"。

"空心村"到"网红村"
——袁家村特色发展实践

2013年习近平总书记在全国城镇化的工作会议上指出："看得见山，望得见水，记得住乡愁。"2014年全国城市规划建设座谈会上提出："规划建设要注重保护历史文化建筑，牢牢把握地域、民族和时代三个核心要素，为城市打造靓丽名片，留住城市的人文特色和历史记忆"。

陕西省的文化遗产和旅游资源十分丰富，凭借着国家政策及旅游发展契机，推动旅游与文化遗产的深度融合，将资源优势转变成发展优势，提升旅游业的文化内涵和品位、实现文化的经济价值。陕西袁家村采用文化遗产业与旅游产业融合的文化遗产保护和经济发展手段，以原始风貌保护优先为原则，规划圈层式的空间布局，打造关中民俗体验地，充分挖掘关中特色饮食文化。自开始发展旅游业的十几年内，已经获评了国家AAAA级旅游区，被授予"全国生态示范村"、"全国新农村示范村""陕西省著名商标"、"中国最有魅力休闲乡村"、"全国十大美丽乡村"、"国家特色景观旅游名村"等荣誉称号，从以前贫穷的"空心村"逆袭成为了现在极具特色的"网红村"。

| 生态宜居的新型城乡建设与实践 |

一、背 景

袁家村坐落在陕西省咸阳市礼泉县烟霞镇北面的唐太宗李世民昭陵九嵕山下。距离西安市区东北部约45公里、咸阳市区东北部约30公里、礼泉县城东部约14公里、烟霞镇区北部约1公里，袁家村主要通过关中环线（S107）、"福银"高速、国道312等道路实现与周边市县的联系，交通条件良好，区位优势明显。

1971年，袁家村开始通过大力发展粮食生产，扭转以前的贫穷局面，成功解决温饱问题。伴随改革开放，十一届三中全会后，袁家村开始走农工商结合的路子，村民因地制宜，充分利用袁家村附近丰富的资源，大力发展建材工业，逐步建立起较为完善的村办工业体系。随后，又制定出"内引外联，借船出海，创办扩建，滚动发展"的策略，使运输业、建筑业和服务业开始得到发展，实现了从农业经济稳定村向工业富强村的转型。

20世纪90年代以来，袁家村的农业和工业随着市场经济环境的成熟，以及国家市场经济体制的全面推进逐步走向衰败。乡镇企业在组织政策上渐渐失去其优势，乡镇企业和私营企业甚至国有企业在近似平等的平台上竞争，面临市场的重新洗牌。袁家村果业、养殖业效益下滑，当地政府关停了水泥厂，村民生活困顿，纷纷外出打工，袁家村"空心化"现象严重，村庄发展陷入低谷，袁家村集体经济在市场经济的冲击下被全面瓦解，迫切致富的村民急需新的方法和策略带领他们走出困境。对此，村委会一班人经过艰难抉择，最后达成共识：积极调整发展思路，转变经济发展方式，必须在发展中抢占先机，赢得主动权。

2005年前后，袁家村领导去四处调研，学习优秀的旅游发展经验，希望通过地方特色大力发展当地旅游业。先后组织了村民去云南丽江、山西平遥等旅游胜地进行调研，村民结合袁家村实际分析得出，袁家村的独特之处在于民俗，使得乡土风情成为了袁家村唯一的旅游资源，因此，充分发挥关中民俗文化的影响力，将民俗文化与乡村旅游相结合，成为袁家村走出困境，实现生产方式转型的突破口。

2018年，袁家村小镇已经形成了以唐肃宗石刻和昭陵博物馆等文化遗迹为主要核心的点、线、带、圈综合化旅游体系，实现了利用周边资源带动自身发展的模式，每年接待游客数量超过300万人，年营收入超过10亿元。

二、做　　法

进入新世纪，随着居民收入水平显著提高，人民的生活理念由单一追求金钱转变为赚钱与享受并重。中国地域差异大的实际情况，带给人们了解异地的冲动，并且国家也对文化旅游产业融合做了大力倡导，在这些机遇下，袁家村积极探索，逐渐向乡村旅游方向发展。2006年以农家乐项目为起始，发展乡村旅游项目。2007年斥资1500万以打造袁家村关中印象体验地，突出关中民间生活形态和传统特色，一步一步分区规划，着力将袁家村打造成了文化遗产业与旅游业相结合的特色新型古镇。

| 生态宜居的新型城乡建设与实践

❖ 关中印象体验地图

❖ 袁家村分区规划图

1. 圈层式空间布局实现各类要素整合

在袁家村特色小镇的形态中，以产业集聚区为基础，形成了圈层式的空间结构。第一层以袁家村关中印象体验地为中心；第二层为对应的原材料加工企业及研发机构；第三层为特色农庄、创意农业观光园、农业休闲体验园等，以种植业为基础，为袁家村提供安全的原料的同时，也能发展相应的服务业。每一个圈层内均进行要素的合理的挖掘、集聚、整合，既保护了文化遗产又发展了旅游业。"关中印象体验地"是文化旅游地，袁家村在特色饮食产业基础上发展了休闲度假住宿、民间艺术博览、传统民俗体验共四大产业经济模块，同时还复合其他相关产业进行转型和升级，真正实现袁家村从传统农业走向以品味民俗饮食文化为主的乡村休闲旅游业。

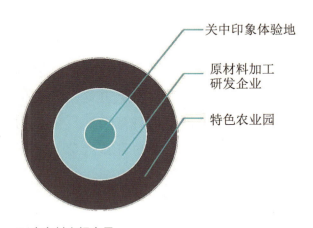

❖ 袁家村空间布局

2. 风貌保护优先的院落街巷空间发展模式

关中民居以"前院后房"居多，袁家村最先形成的由 63 户民居构成的农家乐街就是依次排列自然而成，为了保留关中原始建筑风貌，因地制宜，袁家村绝大多数街区都以线性结构展开，最大限度提高空间利用率，在有限的序列空间规划街巷，最大程度地增加了游客驻足观赏的时间，丰富了视觉空间上的转变，将有限的村庄规模，最大化地展现在游客面前，提高视觉效果。院落空间的构造，使得乡村风貌得以保留和发展，建筑景观丝毫不显突兀。在进行建筑布局的时候，建设活动以尊重自然地形为前提条件、以顺应自然环境肌理为布局原则，体现了古老的自然尊崇的村落建设特征。

3. 旅游产业发展带动网红村的打造

袁家村在村委会的组织引领示范下，抓住了关中地区特色民俗文化不够集聚的特点，以民俗文化为切入点，依托关中民俗发展街区餐饮、休闲、购物、住宿等旅游产业链，开展民俗体验乡村特色旅游，打造了关中民俗体验地，将游客来村消费促进村庄经济发展放在村庄建设首位。将民俗文化贯穿于环境体系、产业构建、旅游功能之中，形成民俗文化凝聚下的品牌张力。以关中民俗文化为魂，打造了关中民俗乡愁的寄托之地，呈现原生态的关中生活图景。

基于文化消费的乡村旅游策略引领村庄转型，发展民俗旅游，带动村庄发展建设，实现城乡统筹与就地城镇化，这是宏观发展策略的取胜。

4. 文化与产业融合成就民俗饮食产业引领者

袁家村在打造产业之初，作为一个普通的关中乡村，村庄人力物力的有限和投资商对袁家村认识的偏见使得袁家村的起步尤为艰难，为了聚拢人气，引进资本，谋求更大发展，袁家村人必须培养核心竞争产业，所以他们集全村之力着重塑造特色民俗饮食产业。具体而言，就是充分挖掘关中地方特色饮食文化，将带有浓厚西北民族色彩的关中饮食文化，以创意农家乐和特色美食街的形式展现出来，同时打造更精致、有品质的特色饮食区，将农家乐、小吃街、作坊街的美食和加工做到烟霞镇乃至西安市闻名遐迩，每逢周末节假日，游客络绎不绝。特色民俗饮食产业以强有力的火车头形象，打破发展之初的被动局面，使得袁家村对外招商引资，获得进一步发展的资本。在袁家村中，旅游和文化产业之间相互转换、影响和驱动。

❖ 袁家村酒店实景图

❖ 袁家村建筑

袁家村转型的策略不仅保护了原有的文化遗产,并且使经济实现了腾飞。截至 2016 年年底,袁家村建设格局基本完成,分别恢复和建设了康庄老街、关中小吃街、回民街、祠堂街、酒吧咖啡街、艺术长廊、袁家祠堂,还有在建的书院街、关中戏楼等;人口规模由 2005 年的 63 户 260 多人发展到现在的 3000 多人,建设规模由 2005 年前的 40000 平方米左右增加到 318430 平方米;村民生活水平,由 2005 年前的亚小康水平,发展到现在村民人均收入过 6 万的富裕水平,不仅如此,还带领周边村民及烟霞镇村民一起走向小康富裕的生活。2017 年以后,大力发展旅游消费产品、生产传统绿色农产品和民间工艺品,使其品牌化、国际化。

三、启 示

袁家村的转型发展,创新性地践行了一条文化遗产聚集、活化和复兴之路。其民俗与现代的碰撞、乡村与城市的融合、传统艺术与现代艺术的叠加,让其发展更加立体化和多元化,实现了以关中民俗文化为主题,从乡村农产品售卖到乡村旅游,再到乡村度假的成功转变。袁家村以市场需求为导向,抓住每个时期的关键节点和发展机遇，注重长远利益，保障了"袁家村模式"的可持续发展。

1. 全力挖掘自身的地域特质突出关中民俗文化

地域性文化的体现主要是村落的历史文脉和乡土民情，通过保护与传承的方式，保护原有的景观和具有历史特色的建筑。袁家村在规划设计初期，以创新理念大力挖掘自身的地域特质和丰厚的关中文化，根据其所处的地理区位优势，确定了以昭陵旅游景点为辐射圈，以关中民俗休闲体验为楔入点的设计思想，以主题意象为中心延伸进行环境空间景观设计，设计者对当地民情有足够的了解，对人们的生活环境进行设计，并且全部规划设计都建立在对原有景观的保护上，让一切变得更加和谐、更加舒适。现存的历史文化和传统民俗的展现是不可再生的独特人文景观，设计者将它的历史价值最大化地展现，呼吁游客和居住者去保护它，让它能够完整地被永久性地保存。

2. 圈层式空间结构实现文化要素间的耦合互动

袁家村确立了设计定位和开发主题后，拓展村域住宅土地面积，开拓空间结构尺度，逐步形成了以道路为分割界限的几个休闲区域。袁家村整体形成了圈层式的空间结构，所有圈是一个互为依存、相互促进的统一整体，以关中印象体验区为核心，娱乐区块半围合式外延地块发展。核心层对其他圈层的经济文化等有吸引和辐射功能，"圈"实质上意味着"向心性"，能保证各种要素融合促进核心区优先发展，并且内外各圈层间有机融合，从而促进整个区域经济发展。这种布局结构明了，设计思想充分考虑到文化遗产的保护，体现当地特色文化，形成了自然景观与人文

生态宜居的新型城乡建设与实践

景观协调共生的良性发展。

3. 生产性保护方式引领陕西古镇发展风潮

生产性保护是指在生产、流通、销售过程中，产生经济效益，并促进相关产业发展，使非物质文化遗产在生产实践中得到积极保护，实现非物质文化遗产保护与经济社会协调发展的良性互动。其宗旨是，以保护带动发展，以发展促进保护。袁家村对非物质文化遗产的保护就是坚持生产性保护的原则，通过建设适合非物质文化遗产生存和发展的传统村落环境，引进非物质文化遗产，将非物质文化遗产转化成生产力和物质产品，促进乡村旅游的发展，对陕西文化遗产保护的生产性保护方式起到了良好的引领作用。

点 评

文化遗产是人类智慧的结晶、文明的标志，保护文化遗产就是保存人类文明发展的历史记忆。当前，我国正处于新型生态文明城镇化快速发展阶段，面对文化遗产保护和城乡建设并行中的各种挑战与机遇，城镇管理者必须以辩证思维和可持续发展理念去进行创新应对，并且要及时抓住机遇，在严格控制历史城镇空间格局、历史风貌和开发强度的前提下对其进行改造与更新，并通过发展旅游业，将历史城镇推向社会，向社会展示古镇历史文化，在发展中实现对古镇的可持续保护。袁家村以自身文化遗产资源为支点，抓住特色古镇建设风潮，走出了一条推进新型城镇化发展的生态文明的特色实践道路。

思考题

1. 谈谈如何把握经济发展和文化遗产保护的尺度？

2. 袁家村的发展历程经过了农业、工业、工商融合，最后文化遗产业和旅游业融合实现了经济繁荣，那么经济落后的古镇，是否能不经过第二产业，直接发展旅游业进行经济建设？

生态宜居的新型城乡建设与实践

文旅融合推动古镇蜕变
——鸡鸣三省青木川

国务院《文化产业振兴规划》和十七届六中全会先后提出了优化文化产业结构，推动文化产业与旅游产业的融合，促进非物质文化遗产保护传承与旅游相结合，充分发挥旅游对文化消费的促进作用。在研究制定公共政策时应该综合考虑历史文化村镇的自然、社会、经济、文化等特点，出台有针对性的保护政策，既保护历史文化遗产又发展当地经济，提高人民的生活水平，从而提高社会对历史文化遗产保护的意识。

青木川古镇地处陕、甘、川三省交界处，同时易受地震灾害影响，在2008年地震受灾背景下，开始编制应对突发事件的规划，在后来的十几年内逐渐完善可持续规划体系，明确"旅游强镇、文化名镇、传奇古镇"的发展定位，规划特色空间布局，实施"修复古建护魂、改造基础通经、培育产业壮骨、整治环境活血"四大工程，全方位展示古镇风貌，在2016年已经成功入选"第一批中国特色小镇"。

一、背 景

青木川古镇位于陕西省汉中市宁强县，地处陕、甘、川三省交界处，西连四川省青川县，北邻甘肃省武都县、康县，素有

"一脚踏三省"之誉，是陕西最西边的镇，距宁强县城108公里，距汉中市区197公里。

2013年以前，青木川古镇主要面临着来自全国其他同类型旅游地的巨大挑战。在2008年汶川地震中，青木川因其地理位置在一定程度上受到地震灾害的影响，保存最完整的古建筑群魏氏宅院部分墙面开裂，许多老宅发生坍塌，宁强县立刻对其展开维修工作，现在古镇整体风貌保存完好。青木川因其独特的地理位置、得天独厚的自然优势，以及丰富的历史人文资源，保留下来的建筑极具特色，在2009年被评为省级重点镇，2011年通过了全省最美小镇的验收，但是与陕西省其他的历史文化名城相比，青木川古镇在全国的旅游知名度还是不够高，很难形成品牌效应。

❖ 青木川鸟瞰图

2013年，青木川古镇被列入"陕西省文化旅游名镇"和"陕西省历史文化名镇"，其中魏氏宅院、回龙场老街被国家列为第七批文物保护单位，宁强县委、县政府抓住大好机遇，大力推进古镇的保护修缮工作。《国务院关于促进旅游业改革发展的若干意见》中，也明确提出要大力发展有历史记忆、地域特色、民族特点的旅游小镇，并抓好集中连片特困地区旅游资源整体开发，加大此地区旅游基础设施和生态环境保护设施建设的支持力度。在此情形下，宁强县按照"规划引领、保护修复、完善功能、开发利用、突出特色、宜居富民"的总体要求，充分利用青木川原生态这一突出特色，加快文化旅游资源开发，提高旅游服务质量，注重游客体验价值，协同保护、开发、建设文化旅游名镇，成为青木川走出困境的一大契机。

2018年至今，青木川古镇旅游人次接近200万，古镇在市场经济及城镇化快速发展进程中焕发出新的生命力。

二、做　法

1. 应对突发事件快速响应，构建可持续发展规划体系

青木川镇政府从2008年起至今编制了一系列规划，城镇发展中每经历"大事件"，都会有关键规划围绕核心问题展开研究，为其发展保驾护航。

2008年，汶川大地震导致青木川镇部分历史建筑受损，《青木川镇历史文化名镇保护规划》（以下简称《保护规划》）在此背景下编制而成。《保护规划》主要对镇内的国家级和省级文物保护单位的受损情况进行科学评估，并就如何修复进行全面指导，首次对青木川镇内各类历史遗存进行梳理并划定核心保护范围，有效地避免其在灾后重建中的二次破坏，受灾背景促使古镇在规划时确定了以青木川古街建筑群为防御目标，其中有三处建筑为重点防御目标，分别为回龙场、魏氏庄园和辅仁中学，对回龙场、魏氏庄园和辅仁中学三处省级文物保护单位的建筑提高设防等级，要求达到七度抗震设防要求，对街区周围重要桥梁工程应进行抗震加固，并且拓宽周围镇区道路。2012 年，陕西省省委省政府布局谋篇"两镇政策"，在此背景下青木川镇编制完成《青木川文化旅游名镇建设规划（2012—2020）》（以下简称《建设规划》）用以指导城镇建设。《建设规划》旨在协调保护与发展的关系，以保护历史遗存、彰显文化底蕴为前提，以发展旅游产业、带动就地城镇化进程为核心，通过重点项目库的申报、督导和考核这一抓手，科学引导城镇各项建设的有效推进。一部以青木川传奇人物魏辅唐为原型的电视剧《一代枭雄》爆火，作为故事发生地的青木川镇被大家广泛关注，成为旅游热点。面对突发性的旅游井喷，在城镇发展的关键路口，镇政府编制《青木川镇总体规划（2014—2030）》，研究完善城镇发展的顶层设计，以解决青木川镇在生态环境承载、旅游接待管理、城镇服务设施、历史遗存保护等方面的问题。2015 年，青木川镇政府驻地青木川村成功入选"全国第三批传统村落"，应要求编制《青木川传统村落保护发展规划》。2016 年，为有效控制青木川镇局部地区的私搭乱建，更好地管控城镇整体风貌，《青木川镇镇区控制性详细规划》开始编制，规划探索从协调政府、投资业主及原住民三者利益的角度制定出一整套"管控开发建设、调控业态类型、引导城镇风貌"的管理机制和办法。

青木川为了解决城市发展的各种突发事件以及保护文化遗产方面的问题，逐步完善了城镇规划体系，有了指导性的文件，才能保证文化遗产保护工作全方位地完成。

2. 明确文旅融合定位，构建"四心、三轴、一廊、四片区"空间布局

宁强县县委、县政府立足于地界三省的区位优势、底蕴深厚

| 生态宜居的新型城乡建设与实践

的人文优势、优质天然的生态优势，提出了建设"旅游强镇、文化名镇、传奇古镇"的发展定位，充分融入文化和旅游元素，将包装改造与修复修缮、分片改建与整体控建相结合，邀请陕西省城乡规划设计研究院等规划设计单位驻镇实地走访调研，精心编制完成了《青木川城镇建设、旅游发展总体规划》和《文化旅游名镇建设规划》，以旅游开发促进古镇品位提档升级。古镇控制性规划区面积12平方公里，集镇建成区由0.9平方公里扩大到3.6平方公里，城镇人口占全镇总人口的65%。在景区景点规划上，依托自然风光，结合历史遗存，明确制定了发展战略和空间规划格局，为青木川的和谐发展指出了正确方向，形成了以"中心起步，轴带拓展，分区引导"为策略的发展战略，构建出了"四心、三轴、一廊、四片区"的空间布局结构。四心指的是一个主中心（青木川村），三个副中心（马家山、玉泉坝村、蒿地坝村）；三轴指的是城镇发展轴、旅游发展轴、产业发展轴；一廊指的是横向生态绿廊；四片区按照功能差异分为青木川自然保护区、文化旅游发展区、生态农业发展区、绿色食品工业发展区，着力把青木川古镇打造成为西安至九寨沟旅游专线上的精品景区、中国西部独具传统文化特色的美丽小镇、陕甘川三省交界处休闲度假的旅游胜地。

❖ 回龙场老街

3. 实施"四大工程",全方位推进青木川特色小镇建设

青木川古镇在 2016 年成功入选"第一批中国特色小镇",是陕西省获此殊荣的五个小镇之一,也是汉中市唯一入选的小镇。在古镇发展中,青木川积极探索、尝试特色小镇建设这种创新经济模式,按照"修旧如旧、建新如旧、保持原貌"的原则,大力实施"修复古建护魂、改造基础通经、培育产业壮骨、整治环境活血"四大工程,全方位展示古镇特色风貌。

(1) 修复古建护魂:回龙场老街形成于清中叶,是青木川古镇旅游的灵魂。累计捆绑各类项目资金 1.7 亿元,以明清风情为文化依托,精心实施文物古迹、历史建筑、传统民居保护和修复工程;等级较高的新建建筑则统一进行立面改造,与街区风格保持一致;同时完成荣盛魁(旱船房)、唐世盛(洋房子)、辅友社(钱庄)、荣盛昌、辅仁剧社、辅仁中学等古迹建筑修复及布展工程,恢复其历史原貌,赋予其新的旅游及文化商业功能,打造一条建筑、文化、民俗等古意融合的老街。

(2) 改造基础通经:坚持全域旅游理念,围绕提升古镇外围形象,打通了县城—青木川三级公路,青木川—白龙湖—广坪烈士陵园—金山寺抗震救灾纪念广场旅游环线;按照古镇格局风貌,实行统一规划、统一施工,先后完成了新街民居建筑"穿衣戴帽"和回龙场老街水、电、路、信、消防等基础设施改造工程。

(3) 培育产业壮骨:制定产业发展保护措施,从政策、资金方面倾斜扶持,培育发展古镇传统商业、贸易、特色产业,再现古镇昔日商贾云集的繁华盛景。在回龙场老街限制发展与古风古貌不相适宜的经营业态,引导发展民间传统手工艺品以及腊肉、天

麻土特产品等传统商业经营业态。在与回龙场隔河相望的新街，着力打造滨河民族风情一条街。

❖ 飞凤桥

（4）整治环境活血：以环境卫生和市场秩序为重点，深入开展综合整治、专项治理活动，从药监、工商、物价、城管等部门抽调人员，组建景区综合执法队进行联合执法检查，及时处理游客投诉，严厉打击哄抬物价、欺诈宰客等违法违规经营行为。同时完善镇区环卫系统，确保垃圾日产日清，着力营造良好的旅游发展环境。

三、启 示

1. 特殊地区古镇规划需明确重点防御目标

青木川镇位于川陕交界处，处在龙门山地震断裂带上，发生地震灾害的可能性较大，属于地震烈度6度地区。在5.12地震中，青木川距四川省青川县重灾区仅有 45 公里，受灾情况也比较严重，镇区大多数房屋都出现了不同程度的损坏，回龙场历史文化街区和魏氏庄园等建筑也受到地震影响需要修复，《青木川镇历史文化名镇保护规划》就是在受灾背景下完成，并且古镇后来逐步完善了规划体系，确定重点防御目标，提高古建周围建筑的防震等级。中国文化遗产分布多且广，其他处于地震多发地区的古镇也需要提高防震防灾意识，尽可能地保护文化遗产保证其不受破坏。

2. 多类别规划始终以文化遗产保护为导向

地域文化核心价值的彰显与传承，关键在于保护，保护是整个可持续规划体系建立的优先逻辑，真正将"保护优先"融入城镇的发展理念，落实到城镇空间布局，是文旅型小镇构建可持续规划体系的核心与主体。在青木川古镇发展阶段，一系列不同类别的规划与青木川镇的发展相伴相随，在这个规划与实施、技术与问题、理想与现实的博弈过程中，各类规划始终坚持以保护小城镇文化遗产和文化的核心价值为导向，按照"保护为主、聚形显魂"的原则，精心实施文物古迹、历史建筑、传统民居保护和修复工程。在规划体系的有效管控与引导下，青木川镇近十年的发展，持续的是古镇传统文化氛围及天人合一的精神传承，动态的是日益提升的城镇风貌和人民生活水平。

3. 抓住发展机遇推进特色小镇建设

特色小镇建设是加快新型城镇化的有效途径，青木川古镇作为第一批全国特色小镇，发展潜力足、基础优、前景好。全镇坚持规划与建设相统一、与文化相结合、与保护开发相协调原则，加强古镇特色风貌的营造与管控，优化服务功能，提升配套设施水

生态宜居的新型城乡建设与实践

平,加强产业联动融合发展,突出青木川古镇地处三省交界的区位优势和底蕴深厚的人文优势,彰显文化特色,全方位推进特色小镇建设,把青木川古镇打造成为功能齐全、环境优美、产业繁荣、特色鲜明的文化旅游景区。

点 评

> 青木川古镇从2008年就开始编制规划以应对地震等各种突发事件,使古镇建设与文化遗产保护实现可持续发展,为处于易受地震影响的古建筑保护地区做了一个良好示范。地震等自然灾害一直都是文化遗产保护的隐患之一,我们应该搭建起到位的预警机制和快速反应机制,特别要通过硬性防灾工程使古镇"延年益寿",强化对古建筑文化遗产保护的防灾减灾策略研究,组织力量研究重点文化遗产地区的致灾风险性因素,制定文化遗产保护的防灾减灾对策,吸取更多的历史经验教训,主动地利用防灾减灾这一利器去应对灾难,以在文化遗产保护中通过防灾减灾求得更充实的文化安全。

思考题

1. 青木川古镇旅游模式有哪些可以借鉴的地方?
2. 青木川风景优美,具有天然环境优势,但是对于一些没有自然环境优势的古镇应该如何发展旅游业?

关中明珠，互联互通

——大西安城市轨道交通发展实践

大都市区是城市发展到高级阶段的一种聚落形式，在现代城市轨道交通体系的支撑下，它具有更大的空间尺度与人口规模，城乡之间有更密切的交往，承载着区域主要的社会活动和经济活动，是地区发展的引擎。

一、背 景

城市群在我国区域经济发展中的地位日益重要，作为西北地区发展的引擎，关中平原城市群建设正在加快推进。

陕西省人民政府办公厅2018年12月印发《陕西省〈关中平原城市群发展规划〉实施方案》（下称《方案》），提出以发展枢纽经济、门户经济、流动经济为引领，着力打造内陆改革开放新高地，推动关中平原城市群高质量发展，辐射带动陕北、陕南发展，提升对西北地区发展的核心引领作用和向西开放的战略支撑作用，建设具有世界影响力的国家级城市群。

作为大西北地区的龙头，西安加快建设国家中心城市对于关中平原城市群的发展十分关键。要强化大西安龙头引领作用，全面提升综合服务、产业集聚、文化高地、科技创新、国际交流等功能，"多轴线、多中心、多组团"推进城市建设，加快西咸、富阎一体化进程，培育发展大西安都市圈，建设代表国家形象、带动大关中、引领大西北、具有国际竞争力的国家中心城市。

在城市群的空间布局上，未来陕西将构建"一圈一轴三带"的空间格局。其中"一圈"即大西安都市圈，合理调整行政区划，理顺开发区职能，完善阎良、临潼、兴平等外围组团功能，推动西咸一体化发展，支持西铜、西渭、西商融合互补发展，打造带动西北、服务国家、具有国际影响力的现代化都市圈。

二、做　法

1."四位一体"发展态势

2005年3月，西安市人民政府组建成立西安地铁前期准备工作领导小组办公室、西安地下铁道建设总公司，正式拉开了西安地铁建设的历史序幕。2006年8月，西安市编办批复成立西安市地铁建设指挥部办公室和西安市地下铁道有限责任公司，"一套人马、两块牌子"，合署办公，承担西安市地铁建设、运营管理和资源开发工作任务。2018年3月和9月，西安市地铁建设指挥办公室、市地下铁道有限责任公司先后更名为西安市轨道办、西安市轨道交通集团。2018年年底，按照西安市机构改革方案，西安市轨道办划归西安市住房与城乡建设局。新组建的西安市轨道交通集团业务范围进一步扩展，涵盖地铁、轻轨、单轨、有轨电车、磁悬浮、市域快速轨道等城市轨道交通项目的工程建设、运营管理、物业开发、资源经营和投融资以及培训、咨询业务等。西安市轨道交通集团设置有12个部门，下辖建设分公司、运营分公司、投融资公司、资源开发公司等4个子（分）公司，截至2019年2月底，员工人数已突破10000人。在西安市委、市政府的领导下，在市级有关部门和区、开发区的支持下，西安市地铁建设工程从无到有，从单线建设到多线共建，基本形成了建设、运营、开发、投融资"四位一体"协调发展的态势。

第一，地铁建设情况。十多年来，西安市地铁已经国家发改委先后两期四次批复了建设规划和规划调整，共7条线10个项目，总长度243公里。遵照西安市委、西安市人民政府的安排部署，2015年以来，西安市地铁从"开通一条线、开工一条线"的发展轨道上提速，2016年当年就形成了"开通三条线、推进三条线（项目）、开工三条线（项目）"的发展格局。截至2019年9月，已运营5条线共161.46公里，分别是：一、二、三、四号线、机场线；正在建设5条线7个项目共152公里，分别是：五号线一期二期、六号线一期二期、一号线二期、九号线、十四号线，其中五号线二期由西咸轨道办承建。地铁二号线以克服"地裂缝、湿陷性黄土、文物保护"三大建设工程难题为标志，获得2014年度世界FIDIC杰出工程大奖。国家发改委中期评估认为，西安市地铁建设规划执行情况良好，技术成果丰富，建设规划管理的经验值得推广。西安市是住建部2014年确定的全国轨道交通全过程安全风险管控三大试点城市（北京、广州、西安）之一，西安市地下铁道有限责任公司连续三年被评为全省安全生产先进企业，2013、2014、2015年连续三年都是全市目标考评优秀单位。

第二，地铁运营情况。地铁运营是地铁建设的落脚点，西安市轨道交通集团有限公司对运营分公司采用"模拟法人、授权经营、预算管理、目标考核"的模式实施管理。西安市地铁自首条线——地铁二号线开通以来，客运量逐年稳步提升，2018年地铁线网客运量为7.46亿乘次，全年列车正点率99.94%，列车服务可靠度52.84万列公里/次，轨道交通在西安城市公共交通中的分担率达到37.06%，最高日客运量299.17万乘次，最小行车间隔2分28秒，运营服务各项指标均达到或超过国内同行同期水平。同时始终坚持"线路有终点、服务无止境"的运营理念，大力推进"智慧地铁"建设。2016年9月，第一批互联网购票机在车站上线投入运营，首次形成了网络服务与实体服务相结合的运营模式；2018年1月1日，西安市地铁在全国率先推出"全线网、双离线、先享后付"的手机扫码乘车；2018年12月1日，西安市地铁线网闸机改造工作全面完成，各车站闸机均可实现手机支付宝、微信扫码乘车功能，城市公共交通"智慧出行"进一步升级。运营安全管理通过国家交通运输部一级安全标准化水平认证。连续四年被国家安全生产监督管理总局和全国总工会评为"安康杯"竞赛优胜单位，连续五年获得"陕西顾客满意度测评行业最佳单位"，先后被国家交通运输部、中国青年联合会和陕西省文明办评为全国春运情满旅途活动先进集体和陕西省文明交通示范单位，运营分公司车辆部检修二车间获国家22部委"全国青年文明号"称号。据2017年3月27日中国城市轨道交通协会发布的2016年度统计报告显示，西安市地铁在全国30个开通地铁的城市中综合效率指数排名第二。

第三，地铁资源开发情况。为不断增强自我造血功能，近年来，西安市地下铁道有限责任公司全面贯彻落实市委、市政府关于地铁上盖物业开发系列要求，积极研究推进西安地铁投融资体制改革，借鉴发达地铁城市经验，加强与绿地、华润等知名企业的洽谈合作；创新投融资模式，不断健全完善西安地铁上盖物业开发，商业经济发展的机制体制、规划计划和实现途径。一是结合西安市地下铁道有限责任公司组织结构调整，成立了投资发展部、投资发展公司，理清地铁资源家底、整合优势资源，形成外部开发和内在地铁资源经营齐头并进的格局。二是研究编制了第三期建设规划融资方案并报经市政府批复，已取得国家开发银行一次性全额预授信1000亿元，为后续新线建设提供了资金保障。三是提前着手研究编制第三期建设规划项目八号线、十五号线PPP实施方案，为后续地铁线路采用PPP模式建设提供了依据。四是全面启动地铁已建线路沿线开发资源梳理工作，各在建线路场段、车站上盖物业开发项目已进入与潜在合作单位洽谈沟通环节，基本形成了以银泰高档物业、华润大型综合体、绿城大宗用地、富丽高端酒店、阿里智慧地铁为主攻方向的地铁资源开发思路。

2."三阶段"发展进程

从2005年至今，按照地铁建设的规模时序，西安地铁建设经历了三个阶段，即单线独建阶段、多线共建阶段、线网齐建阶段。

单线独建阶段（2005年9月至2008年10月），这个阶段以西安地铁首条线路——二号线一期工程（北客站—会展中心段）于2006年9月29日开工建设为始，以一号线一期工程（后卫寨—纺织城段）于2008年10月开工建设为止。此阶段的鲜明特征就是一线独建，所有管理资源全部倾注于一条线路的建设，带有实验性的摸索和积累管理经验的意图，形成初步的建设项目管理组织结构。这一阶段，呈现出人少、机构少、管理资源集中度高、倚重外部管理资源（政府各职能部门、勘察单位、设计单位、监理单位）等特点。

多线共建阶段（2008年10月至2015年），这个阶段以一号线一期工程（后卫寨—纺织城段）于2008年10月开工建设为始，陆续开建了二号线南延伸段、三号线、四号线，并以2015年五线一期、六号线一期和一号线二期全面开工建设为止。此阶段是在单线独建阶段经验积累之后，建设管理模式的逐步复制和再完善，通过对人力资源的流水化运用，以及外引内培组建了较为稳定的建设项目管理人才队伍，并形成了较为成熟的建设项目管理机制和体制。

线网齐建阶段（2015年至今），在这个阶段主要以五号线一期、六号线一期和一号线二期齐头并进开工建设为始，表现为一年内开工建设多条地铁线路，全面加速地铁网络铺建。同时，由于地方财政负担过重等原因，以及国内地铁发达城市"建设地铁就是建设城市""地铁经济"等概念的提出，地铁资源开发已经成为地铁建设的重要一环。

按照规划，大西安未来将有23条轨道交通线路，覆盖关中城市群都市区。西安未来轨道交通主体网络形态呈棋盘+环+放射结构，规划线路总长度986.0千米，其中西安市范围内线路长度691.1千米，西咸新区范围内线路长度238.4千米，咸阳市区范围内线路长度56.5千米。

3. "与时俱进"的组织管理机构

从2005年西安市人民政府组建成立西安地铁前期准备工作领导小组办公室、西安地下铁道建设总公司至今，西安地铁工程建设管理架构随着城市轨道交通发展的节奏一直处于动态的变化之中，以更好地引领大西安城市轨道交通建设。

2005年组建的西安地铁前期准备工作领导小组办公室、西安地下铁道建设总公司下设三个处室，分别是综合处、技术处和工程处，这是最初的西安市地铁建设前期管理架构。

2006年西安地铁前期准备工作领导小组办公室、西安地下铁道建设总公司分别更名为西安市地铁建设指挥部办公室（局级建制）、西安市地下铁道有限责任公司，同时成立了市一级的西安市地铁建设指挥部，并随着地铁二号线的开建陆续增设了合同预决算处、计划财务处、机电设备处、安全质量处、物业开发处等工程建设管理部门。

2007年随着西安城市轨道建设二期规划的启动，新增总工程师办公室，专司地铁建设规划项目的报批工作。

2008年随着西安市地铁一号线的筹备工作开始，增设了项目规划处，并进一步明晰了安全质量处的监督职能，更名为安全质量监督处，同时根据企业发展需要加强了新进员工的培训工作和信息化工作，又增设了培训中心、信息中心。

2009年随着西安市地铁一号线的全面开建，工程处一分为二，成立了工程一处、工程二处，分别总体负责地铁一、二号线建设工作。同时由于大面积场段建设的开始，又增设了土地储备处（西安地铁土地储备中心）。

2011年随着西安市地铁二号线建成通车，地铁三、四号线陆续开工建设，又增设了工程三处，由工程一处和工程三处分别总体负责地铁三、四号线建设工作。

2013年随着西安市委、西安市人民政府关于进一步加快地铁建设的要求，相继成立了工程四处，将原项目规划处变更为工程四处，专司后续工程筹建工作。

2014年随着西安市地铁大线网建设的逐步推进，增设工程前期处，专门负责征地拆迁、管线改迁、绿化移植及电网建设等工作。

2015年由于工程四处承担的建设项目一直无法推进，随之将工程四处撤销。2016年为增强建设规划与施工设计方案的连续性，技术处与总工程师办公室职能合并，成为新的技术处（总工程师办公室）。

2017年，随着西安市地铁发展进入建设、运营、开发、投融资四位一体发展的新阶段，业务的多元化大大增加了管理的幅度和难度。机构进行了大规模集团化调整，将地铁建设职能部门整合重组成建设分公司，专司地铁建设工作，总公司组成了与建设相关的资金管理部、总工程师办公室（规划处）、投资发展部（土地储备中心）、安全质量监督处、计划合约部（PPP项目管理部）。分公司按照"9＋5"模式，设置5个建设中心，9个职能部门。5个建设中心分别为：土建工程一中心、土建工程二中心、土建工程三中心、土建工程四中心、机电设备中心。9个职能部门分别为：综合办公室、党群工作部、审计法务部、财务部、技术管理部、工程用地管理部、前期工程部、安全质量部、计划合约部。

2018年3月和9月，西安市地铁建设指挥部办公室、西安市地下铁道有限责任公司先后更名为西安市轨道交通建设办公室、西安市轨道交通集团有限公司。2018年年底，按照西安市机构改革方案，西安市轨道交通建设办公室划归西安市住房与城乡建设（规划）局，西安市轨道交通集团正式剥离了政府行政职能，全面朝着企业化方向发展。

2019年，结合西安地铁建设存在的实际问题，总结当前在地铁建设的总体管控等方面的实践经验与不足，在组织结构设计的基础上，管理满足"扁平化、区域化、一线化"需要，突出精干高效，按照国家提倡的"放、管、服"的发展要求，全面变革建设管理组织结构。

组织结构变革要保留原建设分公司基本建制，压缩其职能部门编制，只保留综合部（综合办公室与党群工作部合并，同时负责计划考核、人力资源管理)、财务部、技术部,撤销原有各建设中心,将各职能部门专业人员与原五个建设中心管理人员按目前地铁建设需要,重组为若干个区域建设分中心,使其能全面承担起各区域地铁建设工作,确保管理资源向一线倾斜,并长期深耕一个区域,确保各项管理的延续性。同时保留三个职能部门确保建设线路的总体统筹,并对区域分中心进行服务保障及监管考核。变革后的组织结构应最大限度地确保西安地铁建设中长期发展规划的实施,利于地铁大线网建设及深度资源开发,使地铁建设事业走上可持续发展道路。

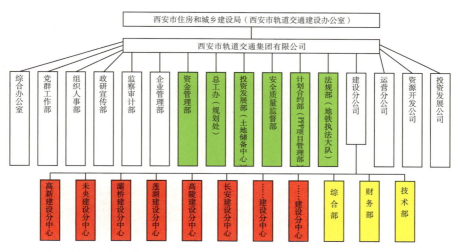

❖ 西安地铁工程建设管理组织机构及建设分公司管理组织机构创新图

一是通过上图中绿色标识部分的权力瘦身,把集团公司与建设相关的部门——资金管理部、总工程师办公室、土地储备中心、安全质量监督部、计划合约部等五个部门的职能和人员进行下移,最大化授权给建设分公司,再由建设分公司授权给下一级职能部门或单位,集团本部只保留与市级部门以上单位有关的统筹管理职能，不再具体负责管理项目建设一线的工作事务。

二是在建设分公司下设上图中红色部分的"区域建设分中心"，按照片区化综合管理的思路，把原有建设分公司的职能部门和单位经过重组，把区域内的凡属地铁建设的各项管理责任都归入"区域建设分中心"，并对其充分授权，使其统筹管理区域内的地铁建设、运营大型设施维护、资源开发项目联建等职能。

三是为强化对线路的统筹管理和"区域建设分中心"的监控，要给建设分公司下设的上图中黄色部分的综合部、财务部、技术部增大其职责和权力，从人、才、物及考核上加以控制，统一各区域的建设步调，实现建设线路的通车目标。

区域分中心是地铁建设的区域决策中心、区域服务中心、区域综合管理中心，对区域内所有地铁建设业务负主体责任。

一是面对建设一线的相关问题，特别是征地拆迁等复杂问题，能第一时间开展研究分析，并提出有效的解决方案，并实际组织解决问题，最大化地解决一线所产生时问题，确保即时决策，全力推进地铁建设工作。

二是能独立对接各有关市级职能管理部门及各区、开发区的相关下属单位和职能部门，承担征地拆迁、管线改迁、绿化移植、交通导改、外部电源引入、围挡审批、沿线文物勘探等建设前期工作，全面服务地铁建设这个中心工作。

三是重点对设计、施工、监理等乙方单位开展合同履约管理，有效开展技术管理、合同计价、安全质量、建设进度、材料管理、试验检测，并能合理安排土建、安装装修、轨道工程等建设工序，确保区域内地铁建设工作的有序可控。

4. 多元化融资之路

在西安市地铁建设之初，西安市人民政府在吸取了兄弟城市融资模式经验的基础上，采用了以政府为主导的负债型融资模式。这种模式可以形象地理解为："资本金+银行贷款"。由政府分期投入线路建设所需的资本金，余下的部分由企业进行对外融资，采用贷款的方式加以解决。

随着西安市地铁的逐步发展，在该融资模式推进下的西安市地铁在建设进度上出现了变化。一是地铁建设初期阶段，即2006年—2012年这6年间，西安市地铁作为城市投资额最/较大的基础设施项目，以全市之力加以保障，西安地铁2号线、西安地铁1号线相继如期完工并顺利投入使用，城市交通状况得到极大改善。这一阶段明显的特点是项目动工早、建设资金足、干扰因素少。

二是地铁建设进入快速发展阶段，按照规划西安市将于2020年建成并运营7条约200千米长的地铁线路，主城区地铁网络基本形成，日均客运量达300万人次以上，地铁将在城市公共交通体系中承担起主力军的作用。但在近几年，西安市地铁建设的速度有放缓的趋势，在2011年曾提出的"一年运营一条线"的说法已经被打破，地铁3号线建设周期的延长，地铁4号线的开工推迟，地铁5、6号线即使是在手续完全获批的情况下，开工时间也被一再推后，除了受制于建设启动资金限制之外，还面临着运营亏损的状况，还本付息、借新还旧的压力逐渐让政府负担日益加剧。

新一轮线网规划由23条线路组成，总长度近1000千米，主体网络形态呈棋盘+环+放射结构。远景日运送客流1190万人次，占公共交通出行的46%。新线网规划范围分为重点区域、主要区域和研究涉及区域。在西安主城区以唐长安城为中心，以绕城高速为轮廓；在市域规划范围包括了临潼县、鄠邑区、阎良区三个副中心及三个渭北工业组团；辐射西咸新区五个新城以及咸阳市区。新线网覆盖1642平方千米，2000多万人口区域，将形成城市骨干交通网络，进一步完善城市功能，更加方便快捷地改善市民出行。

按照线网规划和建设规划，"十三五"时期，西安市地铁建设项目共涉及10条线路，总投资800亿元。结合西安第三轮地铁建设规划，初步计划安排6~7个项目，建设总里程150公里~200公里，总投资1000亿~1400亿元。

面对地铁建设巨额资金需求，在政府财政难以为继、银行贷款紧缩的情况下，如果不将现有的融资模式进行升级和完善，适时地采取公私合营的融资模式，吸纳民间资本，引进市场竞争，后续地铁线路建设将严重受阻。

在充分调研的基础上，为解决西安市地铁融资难、发展慢的困境，引入政府主导下的PPP建设模式。PPP模式也称"公共私营合作制"，是"Public – Private – Partnership"的字母缩写，是指国家公共机构同社会资本因某个项目或工程构成的一种互利共赢或多赢的融资运作形式，是目前全世界关注最广和最新型的城市轨道交通建设运作形式。

2017年1月，西安采用PPP模式建设的第一个地铁项目——西安地铁9号线开工建设。

西安地铁临潼线（9号线）西起西安市地铁1、6号线的终点站纺织城站，东至秦汉大道站，全长25.14公里，共设15座车站，总投资138.89亿元，规划建设期为2016年12月至2020年9月。

本项目采用"投资+建设+运营"PPP模式，实施特许经营，是西安市地铁建设采用PPP模式建设的第一个地铁项目。临潼区作为陕西省旅游大区，地铁临潼线建设是加快该区快速融入西安主城区的重大战略举措。对于改善区内城市基础设施、缓解交通拥堵压力、加快区内旅游业和西安渭北工业区临潼现代工业组团建设、提升临潼城市形象和品质具有重要意义。

在本项目中,西安市人民政府(以下简称"市政府")指定西安市地铁建设指挥部办公室(以下简称"市地铁办")作为项目的实施机构,由西安市地下铁道有限责任公司(以下简称"地铁公司")担任具体实施机构,负责项目各项工作安排。市政府指定地铁公司作为政府出资方代表与中国中铁股份有限公司(以下简称"中国中铁")组建项目公司,负责西安地铁临潼线(9号线)工程的投资建设和运营维护工作。项目公司注册资本金额度为10亿元,其中地铁公司占股40%,社会资本占股60%;如未来政府方引入专项建设基金,则相应减少地铁公司股权。

项目公司成立后,市地铁办与项目公司共同签署《西安地铁临潼线(9号线)PPP项目特许经营协议》(以下简称《特许经营协议》),项目公司按照《特许经营协议》要求,在合作期内,负责投资、建设、整体的运营、维护和管理,《特许经营协议》期限30年,包含建设期4年,运营期26年。西安市财政局依照协议约定对项目公司进行可行性缺口补贴,满足其收回投资及获得合理回报的要求,可行性缺口补贴资金纳入西安市财政预算。行业监管部门对项目公司进行监管,项目公司获取项目的票务收入及非票务业务收益,项目结束后,项目公司须将所有资产无偿移交给西安市政府或其指定机构。

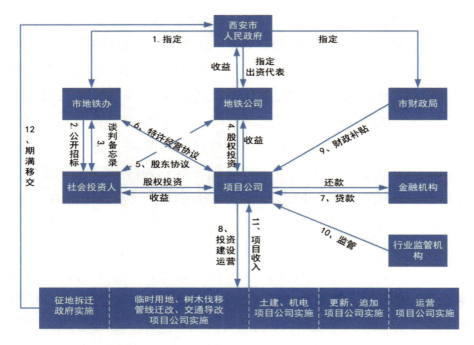

❖ 西安地铁 9 号线项目运作模式图

为确保项目顺利实施，实现各环节工作依法依规开展，除市地铁办与中国中铁共同签署的《特许经营协议》这个合同体系的核心外，还需要由政府指定出资人和中选社会投资人签署《股东协议》，约定各自承担风险和义务等事项，以及市政府给予的政策支持等。此外，各项履约合同由项目公司按照相关法律法规，与各承包商或供应商签订，包括但不限于设计施工合同、监理合同、设备采购合同、运营服务委托合同、征地拆迁合同、工程前期合同等，项目的"融资合同"和"保险合同"等其他合同均由项目公司按照国家有关法律法规签署。

西安市地铁 9 号线采取 PPP 模式建设运营，在实现政府、社会资本和全社会"共赢"的同时，还需要更多配套机制的完善，其中最核心的是在实际操作中细分参与各方的权利义务边界，建立公平有效的利益和风险分担机制。

三、启 示

城市交通系统是城市这个大系统中一个复杂而又重要的子系统，它的畅通与否直接影响到城市的发展和各领域资源的联系与运转，它的良好运行是城市繁荣、进步和可持续发展的象征。地铁是城市交通中最高效、便捷、绿色的交通方式之一，是生态宜居的新型城乡建设中重要的基础设施建设。

轨道交通系统建设是一项投入大、收益慢的公共设施建设事业，这需要我们以正确长远的眼光来规划建设这一项目：遵循城市的整体规划，利用现有的资源配置，创新组织管理机构，充分引入社会资本，合理配置各部分功能，协调其与城市、社会经济、文化等的关系，使轨道交通的建设与城市协调互动，相互促进发展。

点　评

西安作为大西北的龙头城市，多轴线、多中心、多组团地推进城市建设，轨道交通形成"四位一体"的发展态势，多元化的融资模式将开启城市轨道交通建设的新里程。城市轨道交通建设在推进大西安经济发展、产业结构调整、城市空间布局优化、城市生态建设等方面具有以线带面的重大作用。

生态宜居的新型城乡建设与实践

思考题

1. 西安市地铁建设各个阶段具有哪些特点？
2. PPP模式具有哪些优点？如何保证各方的权利和责任？

聚焦生态文明

——发展中的"旬邑经验"

一、背 景

旬邑县地处渭北黄土高原沟壑区,位于陕西省中部、咸阳市北部,总面积1811平方公里。县域的地势分为东北部土石山区和西南部黄土高原沟壑区。以山塬地为主体且差异分明,呈现出山地地貌特征。

在新中国成立初期,旬邑县经济基础极为薄弱,生产水平极其低下。1949年生产总值仅为0.056亿元。1978年生产总值达到0.36亿元,较1949年翻了3番。随着十一届三中全会的胜利召开,旬邑县沐浴着改革开放的春风,经济持续高速发展,进入了快速发展阶段。

1993年旬邑县被列为国定贫困县。依托县域煤炭资源的开发,近年来县域经济发展已有起色,但在金融危机后国内外经济发展速度放缓,煤炭产能过剩的情况下,旬邑县面临县域经济发展后劲不足的困境。为了改变面临的窘境,旬邑县政府一直在积极地寻求出路,"靠山吃山、靠水吃水""要致富,先修路",这些俗语在旬邑县得到了最好的诠释。

从2004年开始,旬邑县就率先在陕西省实施了新农村建设工

生态宜居的新型城乡建设与实践

程。2005年,党的十六届五中全会提出建设社会主义新农村的宏伟目标后,旬邑县抢抓机遇,以产业发展为重点,以新村建设和旧村改造为抓手,以农村精神文明建设为载体,以基层组织建设为保障,深入推进社会主义新农村建设。到2006年提出"努力把旬邑打造成为渭北高原绿色生态产业基地、渭北高原休闲宜居魅力城市和国家级生态示范县"的生态发展模式,确立生态立县发展战略,再到十六次党代会提出建设"森林旬邑"的发展目标。

"十二五"时期(2011—2015)是旬邑县建设和谐社会、环境友好型社会的重要历史时期。旬邑县在此期间实施了"生态立县、工业强县、旅游兴县、果畜富民、城乡一体"的战略,提出建设"关中最美县"的奋斗目标,全面改善生态环境,加快发展生态旅游,坚定不移地走出了一条具有旬邑特点的绿色、生态、协调、可持续发展之路。

❖ 生态旬邑诗意栖居图

旬邑县就像一颗璀璨的绿色明珠,碧光夺目,展现在人们面前的是150万亩的天然次森林和50万亩苹果树与46万亩天然草场交相辉映的壮美图景,森林覆盖率56.2%,林果覆盖率71%。优越的生态环境造就了这份土地"看得见山水，留得住乡愁"的优美画卷，这也是旬邑县一直以来孜孜不倦的生态追求。

二、做　法

1. 打造生态城镇，展现宜居之美

生态环境是关系党的使命宗旨的重大政治问题，也是关系民生的重大社会问题。旬邑县坚持生态优先、保护优先的原则，立足实际，充分结合自然经济、文化、历史的特点，确立了"东部森林化、中部园林化、西部果园化"的森林城市定位，按照"一城、两园、三区、四线、多点"的建设格局，以森林进城围城、绿色廊道、森林乡村、景区绿化、森林公园、湿地公园、苗木花卉、森林增量提质、森林生态文化、资源安全能力"十大工程"为主体，努力形成完备的森林生态体系、发达的林业产业体系和繁荣的森林文化体系。按照"道路河流林带化，城镇乡村园林化，环城坡面生态化"的设计思路科学布局：以公园绿地为重点，以山体绿地为屏障，以道路绿地为骨架，以庭院绿地为依托，以街旁绿地为点缀，对全县裸露区域进行绿化，不断健全森林网络，构筑生态安全屏障。近年来，共计完成退耕还林10.7万亩，退耕还草3.2万亩，退耕荒山造林17.8万亩，封山育林2.3万亩；天然林保护工程人工造林6.8万亩，飞播造林34.2万亩，封山育林9.4万亩；"三北"防护林建设工程人工造林5.8万亩，封山育林4.7万亩；中德合作造林4.9万亩，中日合作造林0.46万亩，城区环山绿化0.48万亩。建设林带30公里，绿化道路271公里。利用全民教育行动、科技之春宣传月、爱鸟周、世界湿地日等，深入开

展生态文明宣传教育活动。通过绿化县城，美化乡村，保护森林，构筑生态宜居旬邑，提升人民群众生态福祉。

❖ 画里农庄 百年西头

2. 保护生态环境，带动绿色企业

旬邑坚持生态建设与产业发展并举，以生态带动产业，以产业促进生态，让人民群众从林业发展中得到实惠。国家地标农产品旬邑苹果享誉国内外，其中"马栏红"品牌苹果荣膺央视"2015魅力农产品"。按照"企业＋基地＋农户"的模式，走"一镇一业"、"一村一品"之路，加快建设林下种养基地。

截止到2018年，旬邑县发展林下经济4万亩，建成千亩中药材基地3个、百亩养殖基地8个。以培育优良乡土绿化树种为重点，建立苗木花卉基地6000亩，苗木自给率达84.4%。按照"政府引导、项目支撑、示范带动"的思路，大力发展林—禽、林—畜、林—油等多种林下经济模式，实现了生态效益和经济效益相统一、群众增收和国土增绿相协调。全县建成核桃经济林9.1万亩，花椒、柿子1.3万亩，其他杂果0.94万亩，核桃、大榛子示范基地初步形成，花椒、柿子、油用牡丹、樱桃、中药材发展初见规模，开辟了林农增收新渠道。

大力发展生态旅游产业，依托优越的自然绿色资源，推行森林旅游、红色旅游和人文景观旅游相结合的模式，以陕西石门山国家森林公园、马栏河国家湿地公园、马栏革命旧址为依托，加快森林公园、湿地公园和自然保护区基础设施建设，建成了秦文化苑、马刨泉和观鸟亭、观景亭、亲水平台等景区，依托生态旅游带动农家乐、林家乐发展，增加群众收入，形成了生产发展、经济繁荣、生态优化的格局。

❖ 现代果业示范园

3. 借力生态发展，实现脱贫攻坚

近年来，旬邑县积极实施"生态补偿，脱贫一批"战略，扎实开展林业系统精准脱贫攻坚"135"行动：围绕"一个目标"（即通过落实好生态脱贫各项政策，助力全县脱贫摘帽目标顺利实现），打赢打好林业生态脱贫攻坚"三大战役"（即生态脱贫增收

| 生态宜居的新型城乡建设与实践

成效提升战、林业产业发展攻坚战、帮扶工作"精神扶贫"激励战），集中开展林业生态脱贫攻坚"五大行动"（即集中开展扶贫慰问、驻村干部效能提升、"镇村环境综合整治"、"帮扶干部"走访整改、"脱贫摘帽"总攻5项行动）。优先选聘身体健康、责任心强、遵纪守法的18—60周岁建档立卡贫困户担任生态护林员，进行护林防火知识培训，强化管护能力；优先安排有劳动能力的建档立卡贫困群众参与林业工程建设；积极兑付国家及省级公益林生态效益补偿资金，拓宽贫困群众增收渠道，保证林业生产安全稳定；认真开展帮扶干部"五天四夜"驻村工作机制，制定林业扶持规划，宣传林业扶贫政策，为帮扶村落提供景观苗木支持，改善村容村貌，切实做到工作部署、责任夯实、机制保障"三个到位"，稳步推进全县生态脱贫各项工作任务全面高效落实，守住绿水青山的同时，借力生态发展带动贫困群众脱贫致富。

❖ 现代旬邑俯瞰图

岂曰无碑，山河为证；岂曰无声，林海即名。把旬邑县生态资源保护好，是对历史、对人民、对子孙后代负责，也是"关中最美县"实现永续发展的基础。旬邑县将继续以绿色发展理念为指引，以一抓到底的狠劲、一以贯之的韧劲、一鼓作气的拼劲把生态文明建设的各项工作做实做好，以崭新的姿态焕发出绿色发展的蓬勃动力，早日实现"南山松柏戴帽子，北原果树挣票子，凤凰穿起绿裙子，遍地铺上绿毯子"的美好生态愿景。

三、启　示

1. 构建良好的生态环境，提升人民福祉

旬邑县学习贯彻习总书记"绿水青山就是金山银山"的绿色发展理念，坚持生态优先、保护优先。确立了"东部森林化、中部园林化、西部果园化"的森林城市定位，构建"一城、两园、三区、四线、多点"的建设格局，遵循"道路河流林带化，城镇乡村园林化，环城坡面生态化"的设计思路，通过绿化县城，美化乡村，保护森林，构筑生态宜居旬邑，提升人民群众生态福祉。

2. 依托良好生态环境，发展绿色生态产业

旬邑坚持生态建设与产业发展并举，以生态带动产业，以产业促进生态，让人民群众从林业发展中得到实惠。按照"企业+基地+农户"的模式，走"一镇一业""一村一品"之路，加快建设林下种养基地。依托优越的自然绿色资源，大力发展生态旅游产业，依托生态旅游带动农家乐、林家乐发展，增加群众收入，形成了生产发展、经济繁荣、生态优化的格局。

3. 结合林业产业，推进脱贫攻坚

守住绿水青山的同时，借力生态发展带动贫困群众脱贫致富。

生态宜居的新型城乡建设与实践

旬邑结合当地的林业生态，依托自然条件，打赢打好林业生态脱贫攻坚"三大战役"（即生态脱贫增收成效提升战、林业产业发展攻坚战、帮扶工作"精神扶贫"激励战）。集中开展林业生态脱贫攻坚"五大行动"（即集中开展扶贫慰问、驻村干部效能提升、"镇村环境综合整治"、"帮扶干部"走访整改、"脱贫摘帽"总攻5项行动），守住绿水青山的同时，借力生态发展带动贫困群众脱贫致富。

点 评

旬邑县围绕"改善环境促发展，抓好发展促环境"的总体思路，将经济建设与生态环境保护有机结合，提出了"生态立县"的新发展模式，这一模式的提出，为县域发展低碳经济，破解发展与环保之间的矛盾提供了范本。以良好的生态环境提升人民福祉、发展绿色生态产业以及助力脱贫攻坚，这就是旬邑——以其务实而又超前的理念，为科学发展书写了一个优美的注脚。

思考题

1. 旬邑县从国家贫困县，到现在的"最美旬邑"，有哪些经验值得我们学习、借鉴？
2. 旬邑县成功的案例，能否在全国范围内进行推广，为什么？

"打造城市绿肺，开启绿色新时尚"

——西安浐灞国家湿地公园的实践与探索

湿地、森林、海洋并称为全球三大生态系统。湿地兼具陆生生态系统和水生生态系统的特点，是地球上生产力最高的特殊生态类型，它不仅为人类的生产、生活提供多种资源，而且具有巨大的环境功能和效益，在抵御洪水、调节径流、蓄洪防旱、控制污染、调节气候、控制土壤侵蚀、促淤造陆、美化环境和维护生物多样性等方面有着不可替代的作用。

城市在不断的发展，湿地作为一种特殊的生态系统，其价值可以很好地发挥在生态方面、经济方面与社会效益方面。城市区域人工干预条件下的湿地保护与建设，即把湿地恢复、保护和合理利用有效地结合起来，建成湿地公园是目前较好的处理方式。在我国，湿地公园作为新生事物，既有湿地的特性，又有公园的性质，除具有生态环境保护、游憩等基本功能外，还具有自然特色浓郁、景观丰富多样、生物多样性丰富、生态效益显著等优点，是全球化的绿色生态领域研究新时尚，具有前瞻性和示范性。

西安浐灞国家湿地公园是国家林业局于2008年审批设立的全国20处国家湿地公园之一，是浐灞生态区乃至西安市湿地系统的重要组成部分，位于灞河与渭河的汇流处，沿灞河大堤两侧分布，总规划面积7.98平方公里。

西安浐灞国家湿地公园是陕西省首批列入国家级湿地公园试

生态宜居的新型城乡建设与实践

点项目之一，具有较高的生物多样性保护价值，是西安地区重要的物种库和基因库。公园的建成开放，对恢复浐、灞水系及渭河水系湿地生物多样性，改善全市空气环境质量、保障城市生态安全、推进治污减霾等都具有重要的促进作用。

一、背 景

浐灞生态区是西安市重点发展的"四区两基地"之一，其北临渭河，与泾渭工业园隔河相望；西接未央区、经济技术开发区、新城区、碑林区等，依托老城区沿浐、灞河流域形成生态廊道；南至曲江新区与秦巴山脉，东连新筑组团及临潼、蓝田等区县，形成西安城六区与临潼、蓝田、渭南等地的东门户。

"生态性"一直是浐灞生态区的首要特征。近年来浐灞生态区规划建设了"浐河碧水工程、广运潭生态工程、桃花潭景观工程、雁鸣湖千亩湖泊湿地、浐灞国家湿地公园"五大生态工程，逐步打造其"国际、生态、水、产业"四大品牌，以改善西安的生态环境，拓宽西安的发展空间，提升城市功能和品位，带动区域土地升值。

西安浐灞国家湿地公园不仅是浐灞生态区的"生态品牌"，也是浐灞五大生态工程之一，延续了浐灞生态区的"生态"主基调。西安浐灞国家湿地公园与其他四大生态工程的门户点对点连线，整合成生态体系，并从区域生态的角度去引导、控制由城市规模和城市发展所导致的城市问题，扩大自然容量，充分利用自然生态的地域空间去引导城市的集聚与规划布局，使之在自然生态系统的承载范围之内，按照生态原则建立合理的城市结构，形成城市生态体系。

生态宜居新型城乡规划

❖ 西安浐灞国家湿地公园实景图

西安浐灞国家湿地公园是永久性的，是以自然湿地保护、人工湿地营造及展示为主体，兼具城市公众游憩、集散与避灾功能，能够引导周边城市用地良性建设与发展的国家级湿地公园、区域性生态斑块及地区性绿色空间，不同于西安世园会等其他"五大生态工程"。因此，西安浐灞国家湿地公园具有高度的兼容性，可同时满足湿地、城市、公园、生态控制、集散、防灾、景观营造等综合功能。

二、做　法

基于西安浐灞国家湿地公园的基本情况与特征，采用了"分层嵌合"的理念指导西安浐灞国家湿地公园的景观规划设计与建设实践。

将西安浐灞国家湿地公园的景观规划布局从宏观、中观、微观即区域、城市、地段节点三个层面综合考虑。同时将构成西安

| 生态宜居的新型城乡建设与实践

浐灞国家湿地公园的自然生态系统和人工功能系统分别分解成子系统，按照动态衍生即"基础框架——衍生"的概念对各子系统逐一进行规划设计。自然生态系统表现为景观格局，主要包括斑块、廊道、基质三大子系统。人工功能系统表现为游憩体系，主要包括游憩路径、游憩场所等。

1. 宏观层面实践——生态优先的景观格局

西安浐灞国家湿地公园属于河道型湿地，以"生态优先"为原则，在宏观以斑块（Patch）—廊道（Corridor）—基质（Matrix）组成的景观生态学经典模式，建立自然生态基础框架作为景观安全格局。对灞、渭两河河道内的自然滩涂、沙洲等进行生态恢复与保育，恢复其生态性与生态功能，建立河道滩涂生态保育湿地；对灞河西侧以及渭河南侧濒临河道防洪堤用地内的鱼塘群及鱼塘周边进行大型恢复与保育，恢复其生态性与生态功能，建立濒防洪堤生态恢复湿地；对城市污水厂和自建清洁能源科普园中的自然湿地或者滩涂进行生态恢复，整合场地内的田间鱼塘、水塘、洼地、断渠等，进行生态恢复与保育，模拟自然湿地生态环境，建立人工模拟生态营造湿地。

由于灞、渭两河的河流汇流处具有极高的生态功能和生态意义，而且是区域地势最低的位置，因此，以"流"的概念，从公园的西、南边界，向灞、渭两河汇流处向心方向，形成十条大型生态廊道。通过十条廊道建立了西安浐灞国家湿地公园以及其西南侧城市公共绿地与灞、渭两河汇流处的生态联系，也提供了能量流的通道，十条廊道划分出来的用地，具备楔形绿地的生态效益；从平面肌理上，这十条廊道的平面构成极具"流动"的趋势，指向灞、渭两河汇流处，从宏观层面建构了西安浐灞国家湿地公园

"流动"的生态肌理；从文化角度看，这十条廊道是从城市向自然过渡的引线，将自然与人工紧密相连。

由于西安浐灞国家湿地公园规划用地被两条城市道路割裂，因此局部游线采取架空方式跨越城市道路，采用立体游线系统解决城市道路的干扰问题。以"四横四纵"的游线系统串联，建立"立体游线串联多元分区"的人工功能基础框架。

2. 中观层面实践——圈层渗透的景观规划

渗透是指生态系统内部各要素之间尽可能地外向延伸与连接，形成向外无限延伸趋势的生态系统网络，包括生态系统要素向生态系统要素延伸及无限延伸趋势和生态系统要素向人工环境的延伸及无限延伸趋势，具有秩序、方向和镶嵌形式的特点。

基于渗透理念，西安浐灞国家湿地公园规划设置了十大分区、十四大景群。分区是按照自然保护的格局以及游憩的主题内容划分。景群是根据景点的性质和集中度，仿照自然的肌理与形式划分。十大分区分别为灞河河滩生态保育区、渭河河滩生态保育区、滨渭河湿地恢复区、滨灞河湿地恢复区，湿地接待服务区、湿地科普博览区、湿地运动体验区、创意产业孵化区、主题度假居住区和湿地主题功能区。十四大景群包括主入口服务区、湿地演替之路、湿地花田、接待服务区、运动体验生态区、污水厂功能湿地、幸福渠人工湿地、沉淀净化湿地、沼泽湿地、池塘湿地、灞河森林湿地、渭河森林湿地、污水处理厂和奶牛场艺术区。

同时基于美国景观规划师 Richard Forste，于 1973 年提出的"核心保护区、游憩缓冲区和密集游憩区"圈层分布的同心圆式模式，针对西安浐灞国家湿地公园的典型性特征，以湿地资源及其生态环境的生态敏感度不同，依照人工干扰程度建立人工系统及其项目圈层分布的基本梯度标准，而建立向心梯度结构。

西安浐灞国家湿地公园从西南边界的城市用地，向东北角的灞、渭两河汇流处，按照"城市性"由高到低、人工干预的程度由强到弱、景观特征由人工到自然的递变，依秩序设置湿地产业经营层、湿地游览展示层、滨河湿地恢复保护层、两河河滩生态保育层四个圈层，呈现出"城市——自然"的递变，形成湿地项目产业有机生长的谱系布局。

（1）两河河滩生态保育层

两河河滩生态保育层是指灞河、渭河两河河道以及汇流区域范围内的自然滩涂湿地保育区，包括灞河河滩生态保育区和渭河河滩生态保育区。以动物迁徙和生态系统自然规律为主要特征，生境自然演替的自然湿地。人工干预措施以保护为主，体现生态、自然的风格，仅提供远眺、科研、检测等基本功能，禁止游人进入。

（2）滨河湿地恢复保护层

滨河湿地恢复保护层是指渭河防洪堤南侧以及灞河防洪堤西侧区域内通过生态恢复以及人工营造的湿地恢复保护区，包括滨渭河湿地恢复区和滨灞河湿地恢复区，其中滨渭河湿地恢复区是以森林湿地为主的人工湿地恢复区，滨灞河湿地恢复区是以水塘湿地为主的人工湿地恢复区。以动植物栖息以及生物资源储备为主要特征，人工创造生境，逐步自然演替的人工湿地。人工干预措施以保护为主，体现生态、郊野的风格，仅提供远眺、探索、观赏等功能，允许较少容量的游人进入。

（3）湿地游览展示层

湿地游览展示层是指西安浐灞国家湿地公园的中心区域，包括湿地接待服务区、湿地科普博览区、湿地运动体验区。集中设置湿地公园集散门户、转换乘点、接待中心、博览中心、能源科普园、科普实践区等湿地管理、服务、科普、宣教、游憩等功能用地和项目。以湿地主体产业布局为主要特征，是湿地项目产业布局的有机生长空间，即"最低限度"的弹性空间。人工干预适度，体现开敞、简洁、人与自然环境交融的风格，仅提供游憩、体验、运动、参与等功能，允许适量的游人进入。

（4）湿地产业经营层

湿地产业经营层是指西安浐灞国家湿地公园西南角直接接壤城市用地的区域，包括创意产业孵化区、主题度假居住区、湿地主题功能区。以湿地外延产业布局为主要特征，是湿地项目产业布局有机生长的外延空间。人工干预较强，体现精致、传承人文的风格，仅提供创造、消费、活动、参与等人气较高的功能，允许较多的游人进入。

3. 微观层面实践——注重交流的景观设计

微观层面针对重点地段及节点落实"分层嵌合工"的渗透概念，强调自然与人工的交流。下面以"幸福渠节点"的景观改造为例，探讨"重交流"的景观设计实践。

幸福渠是城市污水的排放渠，曾经是自然式的明渠，后来被荒弃。在原渠的北侧，新修建了一条完全人工渠化的硬质铺装排污渠——新幸福渠。幸福新、老渠在草滩大道和向阳大道交叉口的位置交汇，比邻分割公园用地的城市道路，周围用地北为新渠和向阳大道防护林带，南为农田及田垄防护林。

| 生态宜居的新型城乡建设与实践

❖ 浐灞国家湿地公园重要节点景观设计总平面图

利用幸福渠新渠"M"形断面以及旧渠"U"形断面的特点，重新整合现状地形。拆除部分新渠渠化的硬质基础，让自然地形和植被群落可以穿透过去，建立新、旧渠之间自然层面的"渗透"联系。采用生态恢复的策略，对旧渠的"U"形洼地进行生态修复和生态重建，建立功能湿地。分段种植不能功能的湿地植物，形成一系列沉降池和过滤池。把新渠的水（该处水源已被上游功能湿地净化过一次）全部引入老渠重新建立的湿地，恢复排水渠的自然形式和生态功能。

利用新渠的硬质基础和铺装，分段沿新渠渠底平面、斜坡面和渠顶平面建立三个标高的平面，并使之相互通行。沿三个标高面设计观景平台，修建不同标高的建筑，提供休憩、娱乐功能。由于新渠是分段断开的，因此，可以分段设置不同功能的内容。利用渠化的硬质基础的"U"形内坡面，可以设置滑板广场；利用硬质基础断开的开敞空间，可以设置林荫广场；利用截成一段的硬质基础，可以设计成具有三个标高平面的休闲步行街；还可以利用硬质基础，设计从基础生长出来的观景塔，眺望整个湿地等。重新赋予简单的污水渠以新的功能，找到新渠的场所内涵。

三、启　示

典型特征下的国家湿地公园包含人工湿地、自然湿地以及人工建设区。人工湿地模拟自然环境和生态系统营造而成，不能孤立的存在，否则会失去区域的生态意义，因此需要建立人工湿地、自然湿地以及人工建设区生态系统之间的自然衍生机制，形成区域性的生态网络。

生态系统内部各要素之间尽可能地延伸与连接，形成自然网络化的生态系统，同时生态系统中的要素也要向人工环境延伸。通过秩序、方向和镶嵌形式的有机渗透，不仅可以强化生态系统的联系性和整体性，也可以建立自然环境与人工环境之间相互镶嵌的关系，避免强硬边界带来的场地雨洪及视觉美观等问题。

由于国家湿地公园的典型性特征，决定了国家湿地公园处于城市与河流之间，处于自然和城市间的过渡、衔接地带。应起到承接城市功能、联系自然生态、美化城市环境、提升城市品质的作用。所以可效仿细胞的结构模式，体现公园的生命性，人工建设内容及其布局应建立城市向自然、自然向城市过渡的人工衍生机制。以衍生缓冲层有机整合自然生态环境与人工功能空间，既

| 生态宜居的新型城乡建设与实践

满足湿地生态环境及其生态过程的需求，也满足公众休闲、游憩、娱乐、科研、管理等综合活动的需求。可以为"自然生态环境保护与人工干预方式之间的冲突"问题提供解决方式。

点 评

城市湿地公园作为城市湿地的主要存在形式，对于人们的生活、城市的发展有众多益处，对于城市生态系统的完整性有着决定性的作用。城市湿地公园的的规划设计，应始终以生态恢复为前提，通过评估其开发强度，结合地方特色，加强生态技术以及善于利用地理环境形成独具特色的"城市桃花源"。同时，湿地公园也要承接相应的游客接纳量，有相应的景观效果、景观特色、地区形象展示等，设计规划时要结合当地的人文地理环境，使之起到科普教育、自然野趣和休闲游览的作用。

思考题

1. 从规划层面来看，西北地区典型性特征下的国家湿地公园应怎么规划？
2. 谈谈城市湿地公园的水景应如何营造？

智慧城市建设与发展

  智慧城市的建设和发展，使得当今城市迎来了一次新的变革。从2008年智慧城市这一理念被提出后，全世界的一线城市开始着重于将经济发展与信息化相结合，通过产业升级等举措，促进城市的快速发展和经济振兴。

  在金融危机之后，除一线城市以外的越来越多的城市开始关注智慧城市这一理念，并在实际发展中与之并轨。本部分从智慧城市发展历程出发，探索在新型城镇化发展过程中，智慧城市建设发展所面临的新要求和新方向；分析智慧城市建设中的机遇和挑战，从投资运营模式、发展与实践等方面进行全方位的解读。

打造"数字名城"
——西安智慧城市实践

近年来,我国三百多个城市开展了智慧城市建设试点,有效改善了公共服务水平,提升了管理能力,促进了城市经济发展。党的十九大报告要求建设科技强国、网络强国、交通强国、数字中国和智慧社会。2019年,李克强总理在政府工作报告中有多处提到智慧城市群渐成城镇化可持续发展新载体、智慧城市推动数字经济发展等方面的内容。李克强总理指出:"要促进深化大数据、人工智能等研发应用,培育新一代信息技术、高端装备、生物医药、新能源汽车、新材料等新兴产业集群,壮大数字经济。加快在各行业各领域推进'互联网+'"。2019年4月8日,国家发展和改革委员会正式发布了《2019年新型城镇化建设重点任务》,明确提出:要优化提升新型智慧城市建设评价工作,指导地级以上城市整合建成数字化城市管理平台,增强城市管理综合统筹能力,提高城市科学化、精细化、智能化管理水平。

2019年1月15日,西安市正式发布《关于加快推进新型智慧城市建设的决定》,明确提出将推进城市的智慧治理,优化城市管理。升级数字城管系统,形成覆盖市、区县、镇街、社区四级城市管理网络;搭建一体化城市管理平台,加快智慧环卫、智慧公园、智慧执法等信息管理系统和专业监控中心建设。

2019年9月,中国信息化研究与促进网、国衡智慧城市科技

生态宜居的新型城乡建设与实践

研究院联合发布"2018—2019中国新型智慧城市建设与发展综合影响力评估结果通报",评估和推荐出"2018—2019年中国最具影响力、最具创新力、最具投资价值、最具发展潜力、最具魅力宜居、最具旅游特色智慧城市、转型升级优秀智慧城市、信息惠民优秀智慧城市、最佳管理实践智慧小镇200强"与"2018—2019年中国新型智慧城市建设与发展综合影响力百强县排名"等领先成果。在直辖市、计划单列市及副省级城市中,上海市、深圳市、北京市、广州市、重庆市居于前5位,西安市位居17,Tahaoo Smile指数得分为75.81。在中国最具旅游特色智慧城市排名中,西安市位列第一,也被评为2018—2019年度中国最具发展潜力智慧城市;千年古都西安,也成为丝路经济带上首个移动支付智慧城市。

一、背 景

智慧城市最早是一个科技概念,由IBM公司提出,旨在解决四个问题:交通、公共安全、城市管理效率、能源危机。智慧城市,是指运用信息和通信技术手段,感测、分析、整合城市运行核心系统的各项关键信息,从而对包括民生、环保、公共安全、城市服务、工商业活动在内的各种需求做出智能响应。它并不是仅仅基于一种技术,而是包括云、人工智能等技术的综合应用解决方案,旨在帮助城市更好地运转,为人们创造更美好的生活。

2008年11月,在纽约召开的外国关系理事会上,IBM公司提出了"智慧地球"的理念,引发了全球智慧城市建设的热潮。全球超过400个城市竞逐智慧城市头衔,最后选出7个城市:美国俄亥俄州的哥伦布市、芬兰的奥卢、加拿大的斯特拉特福、中国台湾的台中市、爱沙尼亚的塔林、中国台湾的桃园县、加拿大的多伦多。

建设面向未来的智慧城市，逐渐被认为是深入贯彻党的十九大关于建设网络强国、数字中国、智慧社会战略部署的重大举措，也成为西安建设国家中心城市的重要支撑。西安市发布的《关于加快推进新型智慧城市建设的决定》中提出：加速西安城市信息化、数字化、智能化发展，推进城市治理体系和治理能力现代化，全面打造"数字名城·智慧西安"，努力建成引领全国的新型智慧城市样板。

随着西安市被评为中国最具发展潜力智慧城市之一，千年古都西安，也成为丝路经济带上首个移动支付智慧城市。打造"数字名城"，西安市有政策优势。如今，智慧城市的理念和影响已经推动着城市发展深刻变革。

二、做　法

1. 智慧城市覆盖产业政务等领域

智慧城市不仅仅是"物联网＋基础设施"这么简单，而是整个城市的"万物互联"。

目前，西安建设智慧城市主要围绕基础设施智能化、社会治理精细化、公共服务便捷化、产业发展数字化，建设新零售之城、智慧管理之城、移动支付之城、移动办公之城和智慧物流枢纽中心"四城一中心"等领域展开，将实现基础设施智能化、社会治理精细化、公共服务便捷化、产业发展数字化四大目标。"简单地说，智慧城市将从政务、产业、人文等三大领域，影响着一个城市的发展。"而西安市在政务、产业领域的智慧城市建设,已显成效。

西安市通过软件、硬件等各方面提升服务效率,探索"最多跑一次"等,系统化推进智慧城市建设。在办公和社区方面,打造15分钟生活圈……目前各领域都在探索,希望能先行先试,探索出一条属于西安市的智慧城市建设道路。

西安市市委、市政府在推动营商环境、公共服务、城市治理变革的过程中,大力推进"一网通办"、加快数字化转型,将建设新型智慧城市作为先手棋,加快推进新一代信息技术在城市公共服务、城市治理、经济发展、安全环保领域的深度应用,充分运用现代化、科技化的力量,助力西安城市建设。

2018年,西安市城市管理和综合执法局推动建设"西安市建筑垃圾监管平台",采用现代信息技术手段更好地监管建筑垃圾的清运。该平台运用物联网技术、移动通信技术、数据分析技术,以GPS/北斗车载终端、RFID智能识别设备、智能号牌识别系统、手持智能终端为载体,将实现建筑垃圾从产生、清运到消纳的全过程、全方位监管。根据西安市市政府发布的《西安市建筑垃圾治理试点城市实施方案》,从2019年1月起,正式启用"西安市建筑垃圾监管平台",实现对工地源头、运输车辆、消纳场所24小时远程监控;探索工地全密闭施工并适时进行试点,进一步提高扬尘污染治理水平。西安市将以"品质西安"建设为统领,坚持"行业牵头、属地管理,市区联动、综合施策,严管重罚、疏堵结合"原则,努力实现建筑垃圾的减量排放、规范清运、有效利用和安全处置。将严格落实出土、拆迁工地"七个到位"管理标准和"红黄绿"挂牌制度,确保各项硬件设施配备使用到位,不断提高工地源头管理水平;初步建成西安市建筑垃圾监管平台,实现对工地源头、运输车辆、消纳场所24小时远程监控;探索工地全密闭施工并适时进行试点，进一步提高扬尘污染治理水平。每季度将开展一次运输企业考核，对企业运营情况、内部管理、各项硬件设施、车辆安全、密闭性能和尾气排放等进行全面检查和考评；查处出土拆迁工地和运输车辆存在的违规排放、超高装载、带泥上路、抛撒泄漏、偷倒乱倒等违规违法行为；查处建筑垃圾运输车辆超速行驶、闯红灯、逆行、不按规定路线行驶、随意变道、私自改装等交通违法行为。将查处"黑车""黑工地"，净化清运市场，严厉打击涉及建筑垃圾管理的黑恶势力，严惩强买、强卖、强揽土方工程、哄抬土方价格和暴力抗法等违法犯罪行为；编制《西安市建筑垃圾消纳场所实施规划（2018年—2020年）》，2020年年底前全部投入使用；严查随意倾倒、不在指定地点消纳和"黑倾倒点"等违法违规行为；每半年对建筑垃圾消纳场所（回填复耕点）实施安全隐患排查与整治；结合"两路两侧三化"整治工作，对历史遗留的建筑垃圾进行集中清理或就地景观提升，改善城区周边环境及整体形象。

2. 科技巨头参与、政府主导智慧城市建设

目前的智慧城市建设，更多的是自上而下的，也就是政府是主导；但"自下而上"应该是更健康的一个良性循环，比如让更多社会资本参与进来。

以智慧建筑为例，通过楼宇自身的运维，一个阶段后，楼内各种问题就会形成另外一个虚拟空间，会自动提示管理者出现的问题。也就是说，建设智慧城市，会通过很多技术手段来打通之前的信息通道，真正实现智慧化、智能化。而智慧产业也会随着智慧城市发展应运而生。

打造新型智慧城市的重要项目，在设计之初，就必须集合国

生态宜居的新型城乡建设与实践

内顶级专家,在规划基础的时候,将各个传感器及以后应用的点位全部布置进去,为未来的智慧城市整体建设打下一个良好的基础。

参考各城市居民抽样数据用户装机量、活跃度、频次、黏性,再结合互联网第三方机构发布的移动APP活跃用户排行值加权算法后得出的指数,2018—2019年度中国智慧城市居民优秀互联网生活服务服务商中,腾讯科技(深圳)有限公司(微信、QQ、腾讯视频)(简称腾讯)、阿里巴巴网络技术有限公司(支付宝、淘宝)(简称阿里巴巴)、百度在线网络技术有限公司(百度、百度地图)(简称百度)名列榜首。作为众多社会资本之一,BAT(百度、阿里巴巴、腾讯)正成为智慧城市建设的重要参与者。

智慧城市应当像一个有机生命体,而赋予生命力的是神经系统。神经系统不仅包括城市大脑,还包括从大脑到末梢的神经网络。"未来谁会主导智慧城市建设,现在还很难说。但毋庸置疑的是,BAT等科技巨头公司的参与,也从另外一个角度说明,智慧城市建设有很广阔的市场空间。"

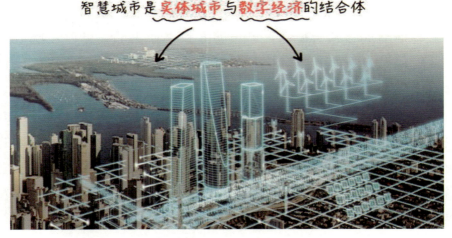

❖ 智慧城市"神经系统":智慧城市是"城+市+产"三位一体的组合

智慧城市建设与发展

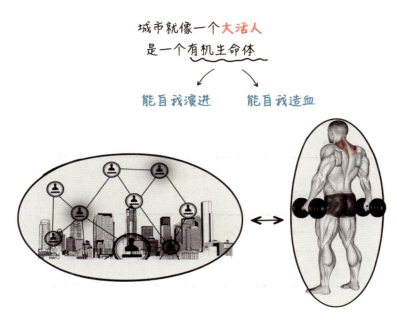

❖ 三位一体的城市构成"有机生命体"

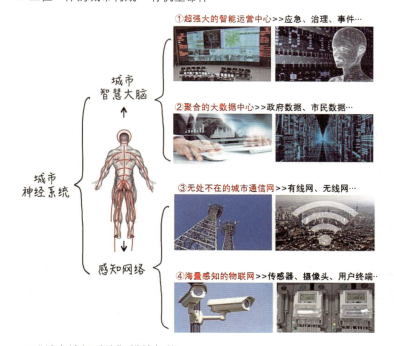

❖ "城市神经系统"模块架构

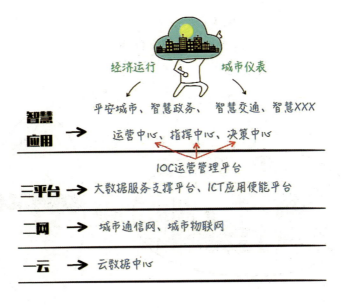

❖ 一云二网三平台是城市"神经系统"的技术落地方式

3. 优势明显，短板并存

建设智慧城市的目标是让人们的生活更美好，人才是建设新型智慧城市的主角。

西安高校众多，科研院所集聚，拥有人才和区位优势。建设智慧城市需要解放思想、大胆创新、形成共识、各界参与、共同努力。"各类科技公司创新往往聚焦于某一方面，但城市生活却是复杂的，把城市拆成零零散散的碎片，也容易让智能技术变成噱头。"

众所周知，智慧城市建设需要大量投入，目前市场的力量不足，力度和力量还需要再提升，但还是要以市场为主推动，以人为本，以服务市场为导向。

作为中国最具旅游特色的智慧城市，西安拥有历史文化等各类资源优势，还有技术优势。但是，目前业界并没有非常成功的案例，市场认知也还不足。作为建设智慧城市的实践者，要聚焦项目，探索学习，补短板，集思广益，发展智慧经济，实现可持续发展，然后服务社会，服务智慧城市研究和民生保障。

西安人才富集，营商环境良好，招商引资到位，但目前的劣势就是没有把各种优势要素充分发挥。"科研成果在当地转化比较少，西安需要鼓励更多参与者、创业者勇于创新和担当，为建设智慧城市作出贡献。"

业界专家表示，建设智慧城市需要更多创新创业精神，解放思想是关键，只要集思广益找问题、补短板，在市场化方面加强突破，发挥人才、技术等作用，从宏观到微观改善现状，相信能够推动新型智慧城市建设，"智造"全新生活方式。

三、启　示

西安市从提出建设智慧城市以来，已历时 5 年，在信息基础建设、物联网产业及电子政务等方面取得了显著成果，但建设中仍存在条块分割、资源分散、部门分治等情况，数据不能实现完全共享，数据不一致问题也较突出，大大影响并降低了城市精细化管理的效率。智慧城市各个领域产生了大量的数据，对这些数据的综合分析需要将多种异构数据集中存储在集中共享统一的大数据平台中。电子政务建设中网上问政的功能方面不够完善，在线办事能力和其他省市地区相比还有差距。

1）政府主导、机构负责，统一数据库，信息共享在智慧城市的建设中，有多种模式可以选择。结合西安智慧城市的现状，可以选择政府主导、专门机构负责的建设模式，成立西安市委网络安全和信息化领导小组下属的专门机构,如智慧城市推进办公室来统筹并全权负责全市智慧城市建设。

2)因地制宜、完善标准、规范制度,要从全局角度充分考虑西安市的资源禀赋、信息化水平、市民素质等各种因素,将长期的整体规划和短期的设定目标综合考虑。应提出西安智慧城市建设的顶层设计,从整个城市的高度进行总体规划,制定西安智慧城市建设方案,并加快完善智慧城市相关产业的标准和规范制度的制定进程,以保障西安智慧城市能够安全高效运行,深入地推进西安智慧城市精细化管理。

3)全面感知、泛在互联、网络安全信息基础设施的建设是西安智慧城市建设的基石,大数据处理平台是智慧城市的关键。要充分采用传感、全球定位等技术,实现全市的信息实时感知,并借助数据平台存储收集的各种数据。充分利用无线通信技术,加强全市人人、人物、物物的全面互联,增强自主获取信息、实时反馈的能力。要实现智慧城市中各领域的应用管理及数据的综合分析都离不开大数据处理平台,因此应紧紧把握"互联网+"和大数据带来的机遇,切实推进建立西安智慧城市大数据中心,建立开放、包容的共享平台,促进城市各部分间的信息共享和协同作业,并组织相关机构进行安全技术研发,构建西安智慧城市全流程信息安全防控体系,以便在不断提高信息资源使用效率的同时保障信息的安全。

4)智慧城市的核心理念是以人为本。只有建设以人为本的西安智慧城市,才能实现智慧城市建设的可持续发展。智慧城市的目标是让城市更加宜居,应以居民为主体,注重人们的体验,增强智慧城市的人文关怀和文化精神,提升人们的幸福感。因此,应建设人文型西安智慧城市,真正以人为出发点和立足之本。智慧城市发展的主要驱动力是创新。西安智慧城市建设要充分重视创新的推动作用，处理好金融创新和技术创新的关系，引导社会资金参与建设，发挥多层次资本市场在智慧产业发展中的作用，完善多层次信用担保体系。

点评

伴随着科技飞速发展，智慧城市建设的战略意义将越来越重要，智慧城市不仅是工业转型产业落地的最大发展平台和消费集聚中心，也是未来高科技核心技术不断更新迭代、突破升级最主要和最重要的体验大舞台与创新大市场。"城市是人民的，城市的核心是人"。西安作为我国西部的重要城市之一，建设智慧城市对整个西部经济的发展具有重要意义。西安市在智慧城市建设发展中形成了一定的经验，但是还存在一定的差距。如何协调人文景观、现代生活与智能科技三者协作互动，发挥城市优势，是"智慧西安"要考虑的问题。西安智慧城市的建设对城市未来发展的影响是多方面的，不但可以全面提高城市的综合管理效率，还有助于发展战略性新兴产业，并且能提供更美好的城市生活。目前，新型智慧城市建设进入新一轮黄金加速期。新型智慧城市建设从智能安防到数字政府，从智慧教育到公共服务，从交通出行到医疗卫生等各个方面都已开始进入全球智慧城市发展的无人区，再没有范例可循，没有捷径可走，必须依靠自我实践、自我突破去不断创新再发展。

| 生态宜居的新型城乡建设与实践

思考题

1. 以西安市城市建设为例，请思考智慧城市建设应具备哪些技术要求及相关特征？

2. 智慧城市的建设，对西安这座历史文化名城来说有哪些特殊意义？

高效信息通信平台
——"智慧新广电"剖析挑战抓住机遇

"智慧城市"是继"数字城市"后的城市信息化高级形态,是信息化、工业化和城镇化的深度融合。智慧城市主要表现为:全面透彻的感知、宽带泛在的互联、智能融合的应用以及以人为本的可持续创新。其根本目标是加快产业转型升级,提高城市管理效能,提升居民生活品质。

在智慧城市的建设大潮中,陕西省紧跟时代步伐,展开了智慧城市的建设,并且取得了可观的成果。其中,咸阳市当选为2017—2018年度转型升级优秀智慧城市,宝鸡市当选2017—2018年度信息惠民优秀智慧城市。

一、背　景

为全面推进经济转型升级和供给侧结构调整,积极响应和落实中央针对经济新常态提出的新思想、新论断、新举措,咸阳市在原有经济和产业的基础上,通过一系列强劲有力的改革措施,依托数字经济和绿色发展推动智慧城市的建设。通过智慧医疗、智慧交通、智慧公安、智慧旅游等智慧产业项目的建设,推动了自身智慧城市发展,走在全国前列。

咸阳市的智慧城市建设,是和信息技术公司及中国城市科学

生态宜居的新型城乡建设与实践

研究会合作进行的，主要合作内容是做好智慧城市的顶层设计。从实际建设情况来看，咸阳智慧城市建设进展顺利，市政务信息中心、市公交平台都已经建成并且投入使用；地理信息服务公共平台开发已经完成，正在与城管数字系统进行对接；市区供热管网、天然气配送以及市民文化中心等工程已经完成立项，前期工作正在火热进行中。

为加快推进"互联网+政务服务"，推动群众办事的"一号""一窗""一网"，以及最多跑一次实事工程，让"群众少跑腿，信息多跑路"的便捷服务流程，进一步提高电子政务水平。宝鸡市结合自身的发展基础，积极贯彻党中央、国务院的部署和要求，深入探索政务服务创新举措，提升政务服务效能，推动了部门间政务服务相互衔接，协同联动，打破信息孤岛等问题。通过一系列简政放权、放管结合、优化服务改革的新举措新政策，为推动智慧城市建设，以信息化手段切实提高人民群众生活幸福感、获得感、参与感探索出新的思路和方法。

宝鸡市智慧城市建设紧扣手机平台，联合中国联通公司宝鸡分公司，开发了"智慧宝鸡"的手机APP，通过这一手机APP，市民可以获取多方面的咨询，并且参与到智慧城市建设之中。

渭南市智慧城市建设的涉及范围广泛，包括了智慧档案馆、智慧审计、智慧畜牧、智慧民政等一系列智慧城市建设措施。渭南全市光纤覆盖已经达到15万余户，行动热点也超过了500处，全市光缆通达100%，行政村覆盖达到100%，已经完成了智慧城市建设的基础架构。

延安市成立了专门的智慧城市建设工作小组，对智慧城市建设工作进行全盘调度指挥。延安智慧城市建设是以洛川苹果作为核心进行的，以此扩展到产能、服务和信息数据三大板块。延安智慧城市建设立项 15 个，总投资达到 21 亿元。

二、做　法

1. 抢抓 5G 技术机遇

陕西电信公司公布西安市 5G 基站建设计划，全市各大商圈及景区的 5G 基站已经搭建完成，钟楼商圈、小寨商圈、高新商圈等多个区域已经实现 5G 网络覆盖。同时，用户可以根据中国电信公司发布的 5G 网络点位图查询附近的 5G 网络，已经购买了 5G 手机的用户开通 5G 网络服务以后便可以随时使用 5G 网络。5G 通过提供峰值 10Gbps 以上速率应对全息、AR、VR 等业务，带来全新沉浸式用户体验，以毫秒级时延承载无人驾驶、远程控制等超低时延敏感业务，更以超高密度连接推动物联网网络加速向前，实现工业化产业结构改变。5G 除了实现网络性能新的跃升，更将开启万物互联、带来无限遐想的 AI 新时代。

随着技术的快速发展，未来中国信息化、智慧城市等都是《中国制造 2025》和"十三五"期间的重要规划。5G 对全球发展的影响力越来越大，整个世界都将进入一个全新的时代。西安，作为丝绸之路的起点，在全球 5G 生态圈的影响下定将迎来新的发展变化，5G 建设刻不容缓。

2019 年 7 月 15 日，陕西广电网络传媒（集团）股份有限公司宣布与华为技术有限公司签署战略合作协议，双方将在基于 5G 时代的智慧广电建设方面展开深度合作。

根据协议，陕西广电网络传媒集团与华为技术有限公司将在 5G/700M 融合无线网新技术推广、4K/8K 超高清电视平台建设以及基于华为云联合创新等领域展开深入合作，共同推进陕西广电网络战略转型，助力智慧广电产业发展。

从陕西广电网络的实际情况来说，网络资源丰富，信号传输的频带很宽，覆盖范围也很广。可以说，广电网络已经有了良好的硬件基础。因此，在智慧城市建设的冲击下，广电网络应该根据智慧城市建设进行业务转型，以便其发展和智慧城市建设处于同一方向。

目前，陕西广电网络已经建成 TVOS 智能终端，并且即将开始建设西咸新区中国广播电视网络数据中心。通过 TVOS 智能终端和数据中心建设，陕西广电网络已经可以提供云服务、一站式高清电视、互联网视频、电视游戏等多元化业务。不仅如此，陕西广电网络传媒（集团）股份有限公司还和中国有限电视网络公司达成了合作协议，实现了 CNTV 的资源共享和统一调度。

信息安全已经成为当下最为重要的一个词语，随着各类信息安全事件不断发生，普通民众对信息安全的要求也逐渐提高。而陕西广电网络信息传输的安全性很高，符合智慧城市的建设需求。所以，基于信息安全考虑，广电网络可以从信息安全的角度出发，构建高安全级别的信息通信渠道，为民众提供更加安全可靠的通信方式。在智慧城市的建设背景下，陕西广电网络传媒（集团）股份有限公司应该以智慧城市建设理念为先导，民众实际需求为基础，深入剖析广电网络的安全性特点，挖掘其发展潜力，推动广电网络发展进步。

近年来，陕西广电网络传媒（集团）股份有限公司积极响应国家促进信息消费、"宽带中国"战略、"互联网＋"行动、智慧广电等政策号召，加快网络改造、产品创新、服务升级，加速由"传统有线电视运营商"向"融合媒体运营商"转型，在智慧酒店、智慧社区、智慧门户等领域建设了一批示范项目，并开发出面向商业、社区及政府用户的三屏互动产品和移动终端应用产品。

为进一步加强"智慧城市"项目的开发、运营力度，陕西广电网络传媒（集团）股份有限公司与同方股份有限公司强强联合，建立战略合作关系，充分发挥各自优势，在智慧城市的技术开发、市场运营和投融资等各个方面展开合作，为陕西省各级政府提供切实可行、成熟完善的"智慧城市"解决方案，共同推进"智慧城市"在陕西落地生根、开花结果。

2. 融合科技创新、跨界打造智慧网络

多年来，同方股份有限公司坚持走科技创新之路，充分利用"创新资源库、金融资源库、再生资源库"三个库的资源来推动发展，用金融和资本作为手段实现已经成型的科技成果的社会、经济价值，成功运用科技创新布局了同方业务战略。陕西广电网络传媒（集团）股份有限公司和同方股份有限公司的跨界合作是一次双赢。

陕西广电网络传媒（集团）股份有限公司是 2001 年组建成立、2008 年整体上市的国有传媒上市公司，是陕西省有线数字电视运营商和陕西省电子政务网络建设支撑企业。凭借视频和数据网络优势、平台服务优势、终端覆盖优势和客户服务优势，运用先进的信息技术、网络技术、云计算技术和大数据技术，陕西广电网络有信心与同方股份有限公司合力推动"智慧城市"项目建设。晏兆祥表示，"智慧城市"战略合作协议的签订，必将加强陕西广电网络智慧系列业务的开发和市场布局，不仅有利于企业转型发展，也将对智慧陕西建设起到积极的推动作用。

3. 建立科学运营管理机制

转变发展理念，建立科学运营机制。从目前发展情况看，现行的广播电视传输机构将不再是单纯的宣传平台，它将成为集内容集成（生产）、公共服务以及文化产业为一体的综合平台。要实现这样一个目标，要做大做强，不能只拘泥于做好传统广播和电视业务的传输，要确立融合跨界发展理念，要有开放的心态、竞争的意识、创新的胆识。这就要求广电行政部门以及各级广电机构要创新工作思路，主动求变，跟上现代信息技术带来的新业态发展步伐，建立科学的广电网络运营机制，努力将广播电视打造成一个多媒体综合服务信息平台。

加强队伍建设，强化市场竞争意识。一个现代化的网络运营机构，必须要拥有一个具有现代管理理念、掌握现代技术的团队。广电系统必须要下定决心，加大将广电网络推向市场、积极投身竞争的步伐，在市场运营中锻炼出一大批懂经营会管理的人才。同时，加大技术力量的培养，注重新技术在新业务中的应用，将技术与市场高效地结合起来。

推进NGB布局，提升参与建设实力。为了实现我省有线电视网络可持续发展，应对"三网融合"条件下的竞争，不断丰富有线电视网络的业务，为居民带来实惠的同时提升有线电视网络的价值，应加快对现有网络进行跨代升级，推进下一代广播电视网（NGB）建设，即实现电信网、计算机网和有线电视网三网整合，有线无线相结合、全程全网的广播电视网络。

注重业务创新，实现多种经营。在做好传统广播电视业务的基础上，充分利用现代信息技术特别是云技术，拓展广播电视现有平台，要以资源聚合为特征，以视频、语音、数据等多媒体为途径的全方位服务，努力为用户打造内容更丰富、功能更全面、渠道更多样、交互更便捷、服务更贴心的智慧电视平台。从而实现为用户提供大量专业频道、高清电视和点播；提供在电视上阅读各类报纸、杂志等读物；提供互联网服务；提供打球、唱歌、游戏等娱乐功能；提供各类信息查询和资费缴纳服务；提供医疗、金融、教育、安防、养老、物业等信息服务。使广播电视逐渐成为智慧政务、智慧家居、智慧文化、智慧医疗、智慧教育等各种新兴应用最普及、最有效的载体。

三、启 示

智慧城市建设是城市发展的必然要求，只有城市的智慧程度不断提升，才能逐步改善城市居民的生活水平和生活方式。在智慧城市建设过程中，广电网络也积极参与其中，但是又会在智慧城市的建设中不断被压迫发展空间。作为广电网络工作者，应该认清智慧城市建设带来的机遇和挑战，充分发挥自身潜力，为广电网络进一步发展添砖加瓦。我省广电网络建设面临的挑战仍有：

（1）运营商面临的压力

结合陕西的实际发展状况，中国联通公司、中国移动公司及中国电信公司三大运营商均直接参与到了智慧城市的建设工作当中，甚至直接在某些项目建设当中占据主导性的地位。而在这三大运营商当中，中国移动公司在通信上占据绝对的优势，用户数量超过联通和电信，然而电信在光纤宽带方面却深受用户的认可，且近几年推出的光纤入户更符合智慧城市建设发展的理念。随着通信网络技术的不断发展，越来越多的人们开始转投移动平台，直接放弃了相应的广电网络服务，从而给运营商带来巨大的压力。

(2) 运营机制亟待完善

由于其网络主体不一致而导致在基本的诉求方面存在巨大的差异性，由此直接给广电网络的发展造成了强烈的冲击，甚至严重影响到广电网络的发展目标。所以在陕西智慧城市建设当中，因为自身的问题，直接给智慧城市建设带来严峻的挑战。

(3) 内部人员市场意识不足

广电网络的建设与发展严重缺乏相应的专业人才，尤其是具备较高学历的人才。这就直接致使广电网络发展中人才动力严重不足，且广电网络市场化的程度严重偏低，因此在城市建设当中，很容易直接被全新的媒体形式所替代。此外，广电网络业务相对单一，难以满足各方面的需求，在智慧城市建设当中，也越发显得格格不入。所以，必须强化相关人员的市场意识。

智慧城市属于城市发展的重要目标，付诸建设实践后，将对广电网络产生深远影响。

点 评

　　智慧城市是把新一代信息技术充分运用在城市的各行各业之中的基于知识社会下一代创新的城市信息化高级形态，具有激发科技创新、转变经济增长方式、推进产业转型升级和经济结构调整、转变政府行为方式、提高政府效率的功能，也有利于提高城市管理水平、提升城市的综合竞争力，使我们的城市运行更安全、更高效、更便捷、更绿色、更和谐。西安作为我国西部地区的重要城市之一，建设智慧城市对整个西部地区经济的发展具有重要意义。如何协调人文景观、现代生活与智能科技三者协作互动，是建设"智慧西安"要考虑的问题。西安智慧城市的建设对城市未来发展的影响是多方面的，不但可以全面提高城市的综合管理效率，还有助于发展战略性新兴产业，并且能提供更美好的城市生活。

思考题

　　1. 以西安市信息平台建设为例，哪些关键技术值得加大投入研发力度？

　　2. 面对专业人才动力不足，我省有哪些人才引进方案和政策值得改进？

新型城乡生态环境保护

  1973年第一次全国环境保护会议召开，环境保护被提上国家重要议事日程。1989年七届全国人大常委会第十一次会议通过《中华人民共和国环境保护法》，我国的环境保护工作逐步走上法治化轨道。为贯彻落实"十八大"以来党中央、国务院关于生态文明建设的战略部署，2016年党中央、国务院印发了《"十三五"生态环境保护规划》，确定了一批重点生态环境保护工程。2017年10月18日，习近平同志在十九大报告中指出，坚持人与自然和谐共生，必须树立和践行绿水青山就是金山银山的理念，坚持节约资源和保护环境的基本国策，像对待生命一样对待生态环境，实行最严格的生态环境保护制度。发展新型城乡生态环境保护，应明确生态环境保护目标，开展生态系统保护和修复，推动生态环境质量持续好转，从海绵城市建设、新能源利用、水资源保护、城市废弃物处理与利用方面具体规划实施。

"让城市自由呼吸"

——西咸新区沣西新城海绵城市建设探索与实践

"问渠那得清如许，为有源头活水来"。水是生命之源、生产之要、生态之基，是一座城市最灵动的元素、最宝贵的资源。在自然生态体系中水体与绿地是不可分离的统一体。江、河、湖泊、湿地被比喻为城市的肾脏，而城市中的绿地系统则被比喻为城市的肺。当两者有效结合起来，才能最大限度地发挥功能，即是水体与绿地耦合。水体与绿地共同改善城市生态环境，两者结合起来使得城市生态资源得以有效的利用，产生一加一大于二的生态效益，对调节城市气候、提升景观美感度、提高城市生态循环起到重要作用。

一、背　景

"海绵城市"概念首次在"2012低碳城市与区域发展科技论坛"中被提出，是指城市能够像海绵一样，在适应环境变化和应对自然灾害等方面具有良好的"弹性"，下雨时吸水、蓄水、渗水、净水，需要时将蓄存的水"释放"并加以利用。而城市绿地系统作为城市建设的一部分，是海绵城市构建的重要载体，不仅有助于低影响开发雨水系统的建设目标的实现，同时对于低影响开发雨水系统技术措施的应用也是十分有利的。

生态宜居的新型城乡建设与实践

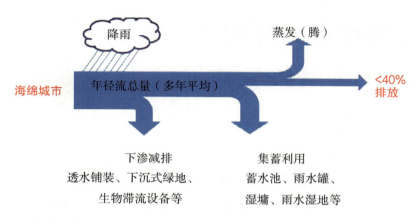

❖ 海绵城市原理示意图

2014年11月，我国住房和城乡建设部组织编制了《海绵城市建设技术指南———低影响开发雨水系统构建（试行）》。2015年，西咸新区、济南市、厦门市、重庆市等16个城市首次入选海绵城市建设试点城市；2016年，又新增北京市、天津市、大连市、上海市等14个城市。

作为西咸新区海绵城市试点核心区域排头兵，沣西新城坚持因地制宜、积极探索创新，结合国外地域性雨水管理系统的理念，建设成了包括建筑小区、市政道路、景观绿地、中央雨洪系统的四级雨水收集利用系统，将绿色生态的理念融入整个城市的发展之中。

最新数据显示，沣西新城持续三年监控的10个积水易涝点，已在"海绵城市"建设过程中全部消除；而绿化面积的不断扩大，让该区同一时期平均温度较相邻的西安、咸阳两市低了1度，地下水位也较2015年回升了3.43米。

截至目前，沣西新城已实施海绵型园区240万平方米，海绵型道路 50 余公里，海绵型公园绿地 140 万平方米，防洪治理及滩面修复 30 余公里，公园绿地面积达到 694 公顷，人均公园绿地面积达到了 21 平方米，已初步实现"小雨不积水、大雨不内涝、水体不黑臭、热岛有缓解"目标。

2019 年，沣西新城"海绵城市"试点建设顺利通过国家财政部、住建部、水利部专家组考核验收，并成功获批联合国教科文组织全球生态水文示范点。

二、做　法

沣西新城地处渭河平原，连接沣渭两河，总面积 143 平方千米。区域内分布着大面积农田、林地和数条河流沟渠，东南角有著名的周代丰京遗址。沣西新城属于半湿润地区，年平均降水总量约 600 毫米，集中在夏秋两季，常以暴雨形式出现。由于水源稀缺，长期超采地下水，致使地下水位下降，地面沉降严重。区域内人为填塘侵占河道，天然水道遭遇破坏。

在海绵城市理念指导下，基于自身水文条件、水资源状况和水安全要求，沣西新城通过从宏观到微观三个层面的规划布局和建设措施来构建海绵体，全区域、多层次、全过程对雨水进行收、净、渗、滞、蓄的综合利用，科学综合地解决洪涝灾害、水资源短缺、面源污染、生态环境破坏等问题。

1. 区域与城市层面

识别出对水生态安全格局具有重要影响的斑块和廊道，通过保护、修复和人工植入生态斑块和廊道，形成层次性、连接性、系统性的网状生态空间结构，在宏观尺度确保海绵体在空间上的落实。以"蓄、禁、治、扩、防"为核心构建超标雨水径流排放系统，在终端治理水污染、调蓄利用雨水，防控城市洪涝灾害。

（1）生态本底

沣西新城以水生态安全格局为依据构建区域生态本底。从整体区域出发，与土地利用规划相衔接，在空间上落实保护、修复和新建与水循环过程相关的斑块与廊道。全区2/3面积被划为禁建区，设定水体"蓝线"、文物"紫线"和生态"绿线"来保护区域内河流、湿地、遗址和基本农林地，形成田园城市总体空间格局，以法律形式为海绵城市建设提供生态保障。在城市内部建设不同层次的绿色开放空间，如城市中央公园、居住区公园、社区游园、组团绿地、街头绿地，形成层级式绿色空间结构，在美化城市景观风貌的同时起到削减洪峰、调节雨水径流的作用。

❖ 沣西新城现状图

❖ 生态本底

（2）生态河流

启动渭河、沣河、沙河、新河治理工程，完善城市水系结构，使城市河道半自然化。在建成区拆除违规建筑和构筑物，恢复被侵占的河道，使河道贯通成为一个整体。在河滨坡度较陡、河流廊道宽度较窄地带，采取栽植护岸和工程固岸相结合的措施，利用堤顶做人行道和自行车道来满足亲水性。在河滨带相对平缓、河流廊道较宽、含有较多沙洲的地方，将滞洪空间与亲水空间相结合，采用多种耐淹乡土植物进行固岸，建立河岸植被缓冲带，保持滨水自然生态景观。通过这些措施重建河岸湿地系统，修复被破坏的水体，既恢复了河流行洪、蓄水等生态服务功能，又提升了其休闲娱乐和视觉美化等社会服务功能。

（3）中央调蓄绿廊

在新城中心利用古河道低洼地带，规划建设贯通城市长 6.8 千米、宽 200~500 米、下沉 3~5 米的中央调蓄绿廊，将渭河、沣河等生态基底导入城市。绿廊东西向穿越核心片区，整体下穿城市道路，成为区域低点，使得周边雨水能够自然汇入绿廊。在绿廊中布置人工湿地、林地、泵站等调蓄设施，并与周围街区通过道路雨水边沟、地块雨水浅管和市政管网相连，构成城市海绵体。当雨水来临时，附近地块经过源头调蓄设施消纳后的富余雨水汇入雨水廊道，经过层层净化，最终与绿廊范围内经过渗排沟下渗净化后剩余的雨水同时汇集到人工湿地。人工湿地储存的雨水浇灌绿地、林地，富余的雨水再溢流至下渗湿地回补地下水。高强度暴雨时，过量的雨水最终通过泵站排至渭河和沣河，避免内涝。

（4）滨河湿地公园

利用渭河、沣河、新河两两河流交汇处地势较低的洼地、湿地和农田区域，对河流进行扩容，修建城市滨河湿地公园，净化水质、调蓄雨洪，同时提供居民休闲娱乐场所。修建城市滨河湿地公园采取如下措施：人工为主、自然为辅的方式，人工栽种水生和陆生植物，对植被缓冲带生态进行恢复和培育，利用地形特点采用绿地缓坡截流、生态草沟输送、生态湿地和蓄滞水泡叠加滞留雨水；同时设置湿地教育、湿地博物馆、水生植物展览等设施，加强公众对湿地的认识，从而保护湿地。

2. 市政基础设施层面

以"渗、净、滞、排"为核心，根据道路系统情况和用地布局情况，将低影响开发雨水迁移系统和传统管渠系统相结合，对雨水进行渗透和净化，有效防控城市内涝，控制面源污染。

❖ 秦皇大道海绵化改造

（1）绿色道路系统

沣西新城道路系统在满足基本功能和保障结构安全的前提下构建基于低影响开发的雨水迁移系统。目前结合用地现状和功能定位，选择信息产业园区和综合服务区为低影响开发措施先行区，包括数据八路、尚业路、创业路等。根据土壤条件和城市道路等级，城市道路雨水迁移系统采取不同低影响开发设施，包括植草沟、生态滞留槽、砾石蓄水沟、装配式砾石沟四种方式。

❖ 传输型草沟图

❖ 生态滞留草沟

（2）慢行交通系统

依托区域内的水系廊道和绿化廊道构建包括自行车道和人行健步道的慢行环路系统，串连河流绿地、湿地公园、中央公园、丰京遗址保护区等主要休闲景观区域，形成链珠式空间结构，为生物迁移、水资源调节提供必要的通道和网络。结合轨道交通站点商业中心、公共服务中心规划慢行街区，并在组团内部布设生活性慢行交通。慢行道路系统通过减少机动车运行，能够大面积使用卵石、透水砖、透水混泥土等透水铺装材料，在有条件的慢行道路两侧辅以植草沟，促进雨水径流自然过滤和渗透，控制城市非点源污染。

（3）管渠排水系统

各地块雨水经过低影响开发设施蓄渗，溢出的雨水通过市政管网输送至中心绿廊回用或雨污水处理厂排放。同时雨污水处理厂周边设置一定规模的"水泡"，雨污水进入水泡经过净化再排至渭河和沣河，形成良好的湿地景观，最大限度地改善排入河流的水质。

3. 社区与场地层面

以"渗、净、滞、蓄、用"为核心,根据地块内土壤、土地利用等情况,合理衔接分散式小型生态基础设施,在微观层面确保海绵体建设,构建低影响开发雨水系统代替传统管道小排水系统,促进雨水下渗、净化和蓄滞,减少城市建设对水文特征的影响,在源头控制地块暴雨径流量和污染,减少市政管网压力。

(1) 绿色屋顶

在屋顶、露台、天台等处栽种绿化植物,利用植物、栽培土壤及其附属结构储存大部分雨水,缓和径流速度、削减径流总量和减少污染负荷。利用开放式垂直水落管断接技术将剩余的屋顶雨水引导至建筑周边的植草沟、下凹式绿地等低影响开发设施进行渗透蓄滞,补给地下水。

(2) 透水地面

各个片区依据排水状况以及土地利用状况,提出透水路面的占地比例范围建议。根据场地特点选用适宜的透水地面:建筑入口、广场、人行道等使用透水铺装;机动车道采用透水沥青混凝土路面;建筑入口、公园绿地等使用嵌草石板汀步。通过在场地建设中使用透水地面在源头削减雨水径流,缓解内涝。

(3) 生态滤沟

在社区道路两侧、停车场、广场等不透水地面周边设置生态滤沟,在很大程度上控制城市非点源污染。例如同德佳苑小区在道路两侧设置设计较长、较缓的路径的生态滤沟汇集污染严重的雨水,以较低速率输送,增加雨水径流流经时间,促进雨水过滤。据监测显示,生态滤沟对氨氮、锌等指标净化效果较为稳定。

新型城乡生态环境保护

(4) 下凹式绿地

采用下凹式绿地的形式，收集道路、广场、建筑等产生的雨水径流，有效截流雨水中的污染物，并且每隔一定距离设置顶部标高高于绿地50~100毫米的溢流口，保证暴雨径流的溢流排放。

❖ 沣西新城总部经济花园屋顶　　❖ 透水人行道、下凹式绿地

(5) 蓄水池

在雨水可充分下渗面积少和土壤渗透能力差的社区设置合理容积的蓄水池，延缓暴雨径流峰值出现时间；同时其储存的雨水过滤、消毒后，可用于浇灌绿地、清洗道路和广场。例如康定和园小区设置模块蓄水池作为其终端调蓄设施将无法下渗消纳的雨水进行储存，当特大暴雨时，超过蓄水池储存容量的雨水通过市政管网排放至小区南面的中央绿廊。

(6) 雨水花园

确定片区积水情况，结合区内现状或规划用地情况以及土壤渗透能力，在建筑、广场、道路两侧修建雨水花园。例如同德佳苑小区在雨水花园中心种植水生植被，通过植物、沙土、砾石有效去除径流中的固体悬浮颗粒，补给地下水。

| 生态宜居的新型城乡建设与实践

❖ 生态滤沟

❖ 雨水花园

（7）速渗井

在地面空间受限但是地表下较浅层土壤渗透能力强的道路、建筑及停车场周边绿地内，设置速渗井进一步储存经初次净化渗透后剩余的雨水。例如尚业路产生的雨水径流汇入周边绿地渗透净化后汇流至绿地中心的渗井，然后经井下部的卵石透水层向地下土壤渗透，补给地下水，极端暴雨时，多余的雨水通过地表溢排至附近道路城市管网。

三、启 示

海绵城市建设有效缓解城市内涝，可有效控制城市雨洪流量；有效控制地下水量；有效缓解城市水体污染；补充城市地下水，促进水体循环和自我净化，保护和恢复城市自然生态环境，改善城市景观格局。但也应该理性看待海绵城市建设的功效。

1. 径流控制率不能一刀切

城市绿地具有多重功能，海绵城市的建设过程中应结合城市规划中的湖泊、河流的位置，结合城市绿地的生态修复和景观休憩功能，提升城市形象、改善城市环境、增加城市的多样性。"海绵城市"不能为做海绵而做海绵，绿地建设应该在与其他功能相结合的前提下，合理地预留空间，对绿地自身及周边硬化区域的径流进行渗透、调蓄和净化，并与城市排水管网结合，将超出雨水及时从管网排放。在对城市绿地规划建设中，应合理明确"海绵城市"建设中的径流控制率，不能"一刀切"，应结合城市的降雨、土壤地质、施工和后期养护条件等相关因素，确定径流控制率。

2. 增加城市景观绿化选用的植物种类，实现景观季相

在西咸新区的"海绵城市"建设中应因地制宜，结合西北城市的特色，做出西安特色，成为北方温带大陆性季风气候城市的示范。在绿地种植中，多考虑本土植物，同时为了实现城市景观的季节性丰富，增加对街道树种的选择量，例如可以增加观花乔木和灌木树种，使城市道路景观丰富多彩。通过植物的形态特征和开花植物的差异，增加景观效果。在海绵城市的建设中，应着重考虑绿地的景观性，建设美丽的海绵城市。治水为本、造景为体。在海绵城市建造中不能丢弃了景观园林城市，不能为了治水而弃景，将"海绵城市"的建设同给排水、景观设计、生态规划等多专业相协调，做好示范性指引全国的海绵城市建设。

3. 对绿化中选用的植物品种进行科学配置

减少城市道路污染，可以选择适宜当地生态环境、抵抗力强、

| 生态宜居的新型城乡建设与实践

耐修剪的树种，此类树种应易于管理，而且有很强的抗辐射和耐灰尘能力。城市绿化景观设计时，根据施工现场环境和城市整体需求，引进外来植物品种进行科学栽植，丰富城市植物品种，为城市增添活力，提高城市的品味。

4. 城市道路景观绿化设计要坚持以人为本

"以人为本原则"是道路绿化设计的核心原则，景观设计首先要满足人们的生理和心理需求。结合不同城市的发展特点，不断挖掘城市的地域特征，从而展现城市的多样性与差异性。

点 评

沣西新城城市建设在保障城市安全和功能的前提下，因地制宜、扬长避短，通过合理的规划布局和具体的建设措施，将灰色基础设施与绿色生态基础设施相结合构建海绵体，并通过城市绿地的调节蓄水功能，建构多层次贯穿雨水循环全过程的"渗、蓄、滞、用、排"五位一体的新型城市雨水处理系统，保护和恢复雨水自然循环过程，减少对原有自然水文特征的影响，尽可能将雨水驻留在城市中，探索人与自然和谐相处之道，为西北缺水地区海绵城市建设与城市绿地景观建设提供示范。

思考题

1. 以沣西新城海绵城市建设为例，基于海绵城市理论的城市绿地与景观系统规划主要包括哪些内容？

2. 海绵城市理念下的城市绿地景观规划与建设，对西安这座历史文化名城来说有哪些特殊意义？

"富平模式"开启综合能源供应
——陕西富平高新技术产业开发区综合能源供应示范工程

能源可持续发展是人类面临的共同难题,已经严重制约着社会和经济的发展。近年来,国家连续出台了《国务院关于积极推进"互联网+"行动的指导意见》《关于进一步深化电力体制改革的若干意见》《关于推进多能互补集成优化示范工程建设的实施意见》《关于推进"互联网+"智慧能源发展的指导意见》《关于推进电能替代的指导意见》等能源发展政策。

富平综合能源供应项目是积极响应上述国家能源政策、实现节能减排、推动地方经济社会发展的一次有效尝试。2016年12月1日,国家发改委公布了第一批105个增量配电业务改革试点项目,该项目名列其中。2017年1月25日,国家能源局公布首批17个终端一体化多能互补集成优化示范项目,该项目再次榜上有名。

作为富平高新技术产业开发区基础设施配套项目,不仅能为开发区提供集约化的能源动力整体解决方案,实现能源的高效清洁利用,提高终端能源利用效率,更重要的是可以有效节约开发区入驻企业的初期投资,极大减少园区内企业运营维护成本,提高园区内土地利用效能,提升园区整体素质形象,加快开发区的发展。富平综合能源供应项目的建设还将带动和拉动富平县上下游产业链的进一步发展,有利于促进经济良性发展,使当地政府在发展经济、改善公共设施、文化教育、医疗卫生和社会保障等方面的能力进一步得到强化,对推动当地国民经济持续发展,实现全面建设小康社会目标具有重要意义。

一、背　景

陕西省富平高新技术产业开发区位于富平县城东南方向,与西安市阎良区接壤,规划面积58平方公里,建设面积32平方公里。自2011年启动建设以来,园区按照"拉大园区框架、完善园区功能、加快企业入驻"的总体思路来对园区进行建设。

随着国内大气污染防治力度加大、全球温室气体减排达成共识,"去煤化"已成为中国能源结构调整的重要趋势,未来煤炭消费总量将面临硬约束。李克强总理在2015年"两会"的政府工作报告中提出了制定"互联网＋"行动计划,推动了信息化、电子商务创新发展,且符合国家发展和改革委员会、能源局、工业信息化部联合发布的《关于推进"互联网＋"智慧能源发展的指导意见》的精神,是对能源革命和"创新、协调、绿色、开放、共享"五大发展理念的具体落实。为解决能源可持续发展问题并积极响应国家"互联网＋"行动计划,富平县提出富平综合能源供应项目,来应对煤炭发展面临的各种挑战,为开发区提供集约化的能源动力整体解决方案,实现能源的高效清洁利用,提高终端能源利用效率。

"十二五"时期是富平县跨越发展的战略机遇期、大有可为的战略转型期和不进则退的战略竞争期。国家宏观调控和转变发展方式系列政策的实施,发达地区经济转型和产业转移步伐的加快,为富平县引进了能源建设重点项目——富平综合能源供应项目。

在实施综合能源供应项目的建设之前，富平县一直采用传统的火力发电模式，锅炉运行效率低下、能源转换效率较低，对煤炭的消耗严重。同时在水、燃料输送、环境保护等方面有其限制，易造成烟气污染和粉尘污染，不符合"绿色、高效、智慧"的发展目标。富平综合能源供应项目是首个重点县城热电联产示范项目，在区域内构建横向多能源体互补、能量梯级应用、协同优化供给系统，纵向"源—网—荷—储"一体化、智能化供给系统，在用能终端全面实现"电替代油""电替代天然气""汽替代所有散烧锅炉""低品质蒸汽制冷替代电制冷"的"四个替代"，最终达到消费终端用能"零碳"排放。

富平综合能源供应项目的建设，将园区电、汽、热、冷、水等多种终端消费能源产品一站式集中供应和销售，打破传统的行业限制，形成一个全新的区域能源供应系统，是能源体制革命的具体体现。本项目的建设极大地推动了富平县上下游产业链的进一步发展，有利于促进经济良性发展，进一步提升富平高新区投资优势，推动富平高新区快速发展，从根本上转变了中央企业支持地方由临时"输血式"帮扶转变为长远"造血式"的发展。

二、做　法

1. 构建"区域智慧能源互联网"

本园区建设以电、热、汽、冷、水为主要能源提供方式，基本不考虑化石能源在终端能源消费中的使用，以提高能源综合利用效率，减少碳排放。借助互联网、云计算、大数据、人工智能等技术，充分与园区综合能源网融合，建设区域智慧能源互联网，进一步促进节能，并为未来进行能源产业商业模式创新打下技术基础。园区区域智慧能源互联网总体架构大致可分为"能源系统的类互联网化"和"互联网+"两层：前者指能源基础设施系统，是互联网思维对现有能源系统的改造；后者指信息系统，是信息互联网在能源系统的融入。

通过智慧能源互联网，将"电、汽、冷、热、水"统一调配至用户，充分体现了能源流、信息流、价值流"三流合一"的特点。因此，区域智慧能源互联网可分为三个层面的互联，即能源互联、信息互联和价值互联，三者紧密融合。高度契合了"互联网+"的核心思想，对实现区域综合能源供应具有重要的示范作用。

（1）能源互联

园区的整体能源流包括能源生产、能源传输、能源消费三个部分。

从能源生产角度来看，建立区域智能能源供应网络，能源供给方以富平热电厂为主，以光伏、风力发电等分布式可再生能源进行补充，经过能源转换，实现"电、热、汽、冷、水"五联供。从能源传输角度来看，物理层面采用综合管廊传输，避免由于敷设和维修地下管线频繁挖掘道路而对交通和居民出行造成影响和干扰，保持路容完整和美观；便于各种管线的敷设、增减、维修和日常管理；有效利用了道路下的空间，节约了城市用地。从能源消费角度来看，园区内推广智能家电、智能电动汽车、智能充电桩、智能储能设施和其他智能用电设备，可以通过互联网实现互联和控制。园区内发电设施、企业或家庭的智能储能设备，可以在用电低谷、电价较低时自动进行储能，在用电高峰或电价高时自动放能自用或出售给其他用户，降低园区从大电网获取能源的能源总量，起到虚拟调峰电站的作用。

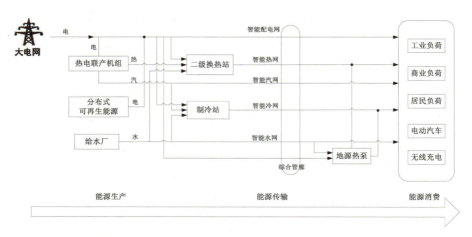

❖ 区域智慧能源互联网能源流示意图

（2）信息互联

通过工业控制网络、电力网络、互联网，实时感知工业园区内固定消费端、电动汽车等移动消费端、储能设备和屋顶光伏发电等可再生能源节点的接入、断开和消费信息，对"电、热、汽、冷、水"进行实时高效配置，实现能源调度智能化，提高能源生产效率。

建立基于网络化的智能感知、计量、控制和保护设备，搭建覆盖能源生产、传输和消费全部环节的能源物联网，实现自动计量和自动交易。建立智慧能源管控系统（IEMCS），通过基于分布式能源调度模型的发电功率预测、用能预测、协调调度、节能潜力分析以及用能优化与管理等核心技术，实现区域中的能源一体化优化调度，并引入大数据分析等技术，综合管理区域资源，实现经济、安全和高效的能源分配和管理，有效提升能源使用效率，降低单位 GDP 能耗。

基于智慧能源云务平台，建立实现园区内能源交易和其他相关服务的商务平台，在云计算平台上对各生产节点和消费节点实现全自动无人化交易结算。可以收集生产和消费数据，形成大数据，并基于大数据实现能源管理智能化分析应用，比如帮助家庭消费者分析其用能数据，提供用能节能服务。

（3）价值互联

区域智慧能源互联网的能量流、信息流和价值流的结合主要依托于智慧能源云平台实现。智慧能源云平台的核心功能是在满足用户用能需求的条件下实现能源互联网的能效最大化。

与传统工业经济相比，互联网及其经济业态从迂回经济向直接经济转变。互联网促进经济活动中供需双方实现信息透明、数据共享，提高了资源配置效率、降低了交易成本，从有限的满足人的选择向持续锁定人的需求转变。基于大数据发现用户需求，实现从原有的单一单次服务向持续满足并激发新需求转变，大幅度提升满足用户需求的程度。

因此，从用户需求角度看，新的价值将来源于新业务和商业模式创造的市场价值，源于信息资源促进物理与虚拟融合，提升对人需求的满足程度；新的生产、管理和交易方式创造的效率价值，源于智能化提升生产效率、去中介化降低交易成本，本质上是对人需求满足过程的效率的提升。

2. 构建多类型新型能源利用体系

区域智慧能源互联网，是要实现更广泛意义上的"源—网—荷—储"协调互动。其中，"源"是指煤炭、水能、太阳能、风能等各类型一次能源和电力等二次能源。能源供给以富平热电厂为主，以光伏、风力发电等分布式可再生能源进行补充，通过"源—网—荷—储"协调互动达到最大限度消纳利用可再生能源，能源需求与生产供给协调优化以及资源优化配置的目的，从而实现整个区域能源网络的"清洁替代"与"电能替代"，推动整个园区的能源变革与发展。

（1）光伏能源建设

根据开发区建设情况，利用启动区综合能源供应中心房屋顶与车库顶板建设分布式光伏发电系统。根据当地光照资源情况，选择组件功率及支架安装倾角，并根据安装面积合理选取组串式逆变器功率及并网点。启动区内综合能源供应中心可利用屋顶的面积，综合考虑光伏组件占地面积、前后排组件的间距及必要的维护检修通道，估算开发区内屋顶（包括车库顶板）光伏系统安装容量为250千瓦。屋顶光伏发电系统主要由太阳电池组件及支架、组串式逆变器、交流汇流箱、监控系统和电缆线等组成。

❖ 屋面太阳能光伏板透视图

（2）风电能源建设

结合开发区规划及风资源情况分析，启动区首期在温泉河岸绿化带安装 2 台小型风力发电机组，启动区二期安装 3 台小型风力发电机组。风力发电机组就地升压至 10 千伏接入就近的 10 千伏开闭站。

（3）充电站建设

发展新能源电动汽车成为世界各国的共识，已列入各主要国家重要发展战略。汽车产业是践行"低碳"经济的重要领地，在各种新能源汽车的技术路线的角逐中，电动汽车已经成为我国新能源汽车发展的主力方向。当电动汽车产业化条件日趋成熟，产业链蕴藏的巨大商机也将同时浮出水面。在高新技术产业开发区内建设汽车充电配套设施，具有良好的社会及经济效益。

（4）地源热泵建设

热泵是一种将低温热源的热能转移到高温热源的装置，地源热泵是热泵的一种，是以大地（土壤）或水为冷热源对建筑物进行冬季供暖、夏季供冷的空调技术。地源热泵技术分为：土壤源热泵、水源热泵、空气源热泵。从该地区的地形地貌特点来看，项目位于石川河Ⅱ级阶地后缘、Ⅲ级阶地前缘，场地地势平坦，同时地层主要为第四系地层。以中晚新统冲洪积次生黄土、粉质黏土、粉土、圆砾组成，土壤湿度及土壤温度比较适合采用土壤源热泵技术。

冬季，土壤内的温度比室外气温高，地源热泵机组通过土壤源侧换热管提取热量供给室内，满足室内冬季供暖要求。夏季，土壤内的温度比室外气温低，地源热泵机组通过土壤源侧换热管将室内热量散至土壤源层，满足室内夏季供冷要求。冬夏季功能实现最主要的是地源热泵机组利用自身四通阀切换，从而实现蒸发器和冷凝器的转换。

❖ 冬季地源热泵机组供暖图　　❖ 夏季地源热泵机组供冷图

通过构建区域智慧能源互联网与多类型新型能源利用体系，建设了一种以电力系统为核心，集中式以及分布式可再生能源为主要能量单元的能源供给体系，使富平热电厂的一次能源利用效率进一步提高。

三、启　示

1. 与"互联网＋"思想充分融合

本工程依托快速发展的可再生能源技术、通信技术以及自动控制技术，建设以电力系统为核心，集中式以及分布式可再生能源为主要能量单元，依托实时高速的双向信息数据交互技术，包括多种智能"互联网＋"应用，涵盖"电、热、汽、冷、水"多类型多形态网络系统的新型能源利用体系，即"区域智慧能源互联网"，高度契合了"互联网＋"的核心思想，对实现区域综合能源供应具有重要的示范作用。

2. 实现"电、汽、热、冷、水"一站式消费

从能源生产角度来看，本园区建立了区域智能能源供应网络，能源供给方以富平热电厂为主，以光伏、风力发电等分布式可再生能源进行补充，经过能源转换，达到了"电、热、汽、冷、水"五联供的目的，实现了高新区"电、汽、热、冷、水"等多种终端消费能源一站式、集中供应和销售，打破传统的行业限制，是能源供给、消费、技术、体制的创新。

3. 构建"集约""节约""清洁"一体化高新技术园区

富平高新技术产业开发区综合能源供应示范工程以富平热电厂为能源动力站，实现"电、汽、冷、热、水"五联供，使富平热电的一次能源利用效率进一步提高。推动清洁电力、蒸汽、热力和冷气对传统能源产品的全面替代，实现零碳排放、零污染。一次能源得到梯级综合利用，具有节能、环保、集约、降低核心区热岛效应、减少二氧化碳排放等功能，进而提高能源使用效率，降低运营成本，增强企业综合盈利能力。

| 生态宜居的新型城乡建设与实践

点 评

　　富平高新技术产业开发区的建成，实现了园区电、汽、热、冷、水等多种终端消费能源产品一站式集中供应和销售，打破传统的行业限制，形成一个全新的区域能源供应系统，是能源体制革命的具体体现，本项目的建设，将使一次能源利用效率进一步提高。同时，又能够提高资源利用率，减少城市污染物的排放。对于增强地方实力，优化经济结构，转变发展方式，改善区域环境，提升城市化水平，改善富平城居民的生活质量和提升城市品位，具有非常重要的意义。

思考题

　　1. 富平综合能源供应项目效果显著，能否在陕西境内进行推广，为什么？
　　2. 富平具备哪些条件可以使综合能源供应示范工程成功实施？

"一波碧水绕长安"
——西安护城河改造工程

随着经济的发展，环境问题日益突出，人们对环境的重视程度也日益提升。2013年以来，习近平总书记多次强调了环境保护与经济发展的关系，向世界传达了中国绿色发展的理念，也表明了保护环境的重要性。

西安护城河形成于公元1374年，是国内较为完整的古护城河，与城墙一体，共同守护着古老的西安，是城区部分污水下泄的通道，同时担负着主城区及周边部分城区的雨洪调蓄功能。它承载了城市的明清文化，是西安市的重要文化遗产。

作为西安的城市"蓝带"，护城河水面具有调节温湿度、净化空气、防尘减噪、调节城市局部生态环境的作用。此外，护城河还发挥着巨大的景观价值，营造优美的水生景观，为城市居民提供恬静、悠然的休闲、娱乐场所。

因此，做好护城河水环境的生态建设与保护，进行护城河生态景观的规划设计，使护城河这一历史地段重现生机，是改善西安城区生态环境，美化人居环境，确保城市可持续性健康发展的有效途径。同时，良好的护城河水环境，还能熏陶人们的生态意识和环保观念，提升西安城墙魅力，保护文化遗产，促进西安旅游业的发展。

| 生态宜居的新型城乡建设与实践

一、背 景

西安护城河位于西安市中心,全长14.6公里,环绕明城墙而设,最早开挖于明朝。历经数百年的风雨沧桑,在解放后护城河因城市规划改变了原有的战争防御功能,担负起城区45平方千米城市防洪和雨水调蓄的功能,成为城市雨水调蓄库和泄洪干道。然而,随着社会和经济的不断发展,护城河逐渐成为城市生活污水的排放沟渠,河内污染日益严重,污染物无序排放、河道堵塞、水域减少、水质恶化等问题致使周边环境质量日趋下降。护城河水环境状况的不断恶化,严重影响了其文化价值、景观价值和生态价值的发挥。

20世纪80年代西安护城河开始受到重视,为此,西安市政府部门曾进行过清淤行动。

1998年,西安市首次针对护城河开始大规模清淤、疏浚河道,清理河底污泥21万立方米,河道扩宽修整,河水水质得到改善。但是,由于污泥堆放和处理不善,对城市道路和污泥堆放点周边造成了二次污染。

2004年,相关部门采取高压管道输送方式清理河底污泥,共铺设输送管道20多公里,将污泥经过4级加压,排到雁翔路南段一座废弃的砖瓦窑,共清理淤泥13万立方米。然而,排放污泥的砖瓦窑周边的地下水受到污染,干燥发酵后的污泥产生的恶臭气味对当地环境也产生了恶劣影响。

2009年,西安市政府经过充分调研,再次对护城河部分河段(文昌门——西门、东门东北角)采取人工办法进行清淤。先将清理区域的水排干,工人将污泥装入编织袋后,放置十天至半月,使编织袋中的污水渗出，污泥固化，再运上河岸拉走。清淤后的水质的确得到一定改善，但进入雨季后，河道淤泥淤积，河水又被污染。

综上所述，仅仅只对水质污染或河道景观进行单一的治理，护城河水环境并不能得到彻底改善，而是进入"治理—污染—治理"的循环。为了从根本上解决护城河的水环境问题，使其文化、景观、生态功能最大化，应结合护城河实测资料，分析污染成因，并结合城市水生态建设要求，进行护城河水环境综合治理和保护。

二、做　法

1. 河道综合改造，营造生态景观

西安市护城河及环城公园综合改造工程，作为具有重大示范意义的民生和生态保护工程，遵循"保障防汛、抬高水位，形成水景、改善水质，节约用水、修复生态，优化交通、智能管理"的设计理念，从河道综合改造、水资源综合利用、护城河桥梁美化加固、环城生态景观提升、智能化管理等五个方面对护城河及环城公园实施综合提升改造。

2004年11月，西安市启动实施1.285公里的护城河综合提升改造试验段（东门——建国门段）工程，于2006年4月建成开放。2012年10月，西安市实施了城墙南门综合提升改造工程，南门历史文化街区综合提升改造项目融合文保、文化、旅游、生态、交通等城市发展要素于一体，是近年来西安市规模最大、综合性最强的旧城建改造工程。2014年5月，南门箭楼修复性展示工程、护城河水上游览区、环城公园景观提升改造工程、南门内地下人行

生态宜居的新型城乡建设与实践

通道等四大项目建成开放。改造后的护城河，碧带环郭、清水长流、绿树成荫、画舫摇曳。2017年12月，护城河及环城公园（朱雀门至西门段）约2.4公里综合提升改造正式完工。此次河道综合改造，使雨污水与景观水分离，减少污染。

2017年12月，长达8.4千米的护城河综合改造工程（西门——北门——东门段）正式启动，提升改造遵循"保护遗址、完善功能、改善生态、提升景观、服务城市"的原则，包括河道综合提升改造、污水排放通道、水资源节约利用、生态净化系统、水体及智能化管理系统，其中涵盖了西北角退水口、北门、火车站、东门等重要城市节点。

❖ 西南城角北段改造效果

❖ 西南城角南段改造效果

❖ 护城河西南城角改造效果

❖ 护城河环城西苑

新型城乡生态环境保护

❖ 护城河西岸改造效果

❖ 护城河西岸改造效果

此次护城河（西门——东门段）河道内提升改造，将新建4座拦河坝，新增5个阶梯水域（西门——西北角、西北角——尚武门、东门——朝阳门、朝阳门——尚德门、尚德门——尚武门），提升改造后将连通东门水系，敞开火车站覆盖段，形成流动连通的护城河环城水系生态景观。

在河岸高深的朝阳门——尚德门段及相对隐蔽的北门弯道段采用河道排洪，其余段采用箱涵排洪。东门段护城河维持现状。新增管道连通上、下游库区景观水，上游进水口设闸阀控制，下游出口设溢水建筑物，在连通水系的同时，营造溢水生态景观。北门在现有条件下，将护城河堤岸修整顺畅，抬升水位，形成水面景观；对北门环城公园入口进行景观提升改造，设置广场，在有限的空间打造北门景观效果。火车站段护城河借助火车站北广场提升改造契机，提升改造南广场环境，敞开并提升改造火车站段护城河覆盖区域，拓宽河道断面达到10米，提升水景观效果。

本段工程预计2021年完工，届时护城河将全线完成改造升级，八个水域全部实施智能化管理，充分利用本市中水资源，采取水源水质净化、水体循环、人工湿地、景观水处理等措施，对护城河水体进行全面治理，彻底消除护城河黑臭水体，改善水质。

2. 采用组合技术,推进生态恢复

1)人工浮岛设计:通过植物在水中生长的根系,大量吸收利用生长所需的氢、磷等营养元素,从而直接将水体中的富营养物质输出。基于护城河北段设计区域河宽在 13 米左右,人工浮岛结构单元沿河断面交错分级布置的原则人工浮岛以 2×2×0.3 米的长方体为一个种植单元。

❖ 环城西苑人工浮岛(一)　　❖ 环城西苑人工浮岛(二)

2)复合菌种修复技术:在气温合适的季节,将生物菌种投撒至护城河东段的底泥中,启动生物修复进程,促进底泥矿化,进而带动上覆水体好转。

通过以上技术改善护城河水质,推进生态修复进程,从而形成环城水景。

3. 水资源循环利用，促进可持续发展

护城河是一条封闭水系，其水体无法自行流动，其地势为东南角最高，西北角最低。故依据其地势特点，护城河自循环系统设计的思路为：补给护城河的原水仍为水库或水厂水，新鲜的原水从护城河东南角流入，利用自然高程差使其流经西南角，流向西北角，一部分河水由护城河西北角流出，经污水处理厂处理后排入渭河。同时在护城河的西北角建一个小型地下式中水处理站和拦水坝，一部分需重复利用的河水由地下式中水处理站经一级、二级及深度处理，达到景观环境用水的再生水水质标准后，由提升泵提至拦水坝上循环利用，使护城河的水体形成一个闭合、循环流动的水体。与此同时，由于气候、地质等地域特点造成河水的蒸发及渗漏，使得护城河的河水在循环流动过程中造成输水损失，因此需要及时对护城河进行水源补给，这部分另外的补给水源将引用大峪水库或曲江水厂的水。通过护城河的自循环体系来节约资源，更好地协调环境与经济的关系，达到"既要绿水青山，也要金山银山"的效果。

4. 完善管理措施，力保河水长清

护城河及环城公园综合提升改造工程是打造世界级城墙景区、加快品质大西安建设的重要举措。2018年，根据市政府"一三五"治水目标及河长制工作要求，西安护城河已全面进入三年"剿劣水"阶段。城墙管委会积极采取综合提升改造与水环境治理相结合的措施，对护城河进行全面水环境污染遏制，同时做好护城河蓄洪、泄洪工作，并且全面完成对护城河的保护和管理。

（1）落实河长制

2017年，西安市在全省率先全面启动河长制，吹响了打造绿水青山的号角。2018年，城墙管委会先后成立了河长办与西安城墙护城河河长制作战指挥室，以"治污水、优环境、重管理"为重点任务，全力推进护城河水资源保护、水污染防治、水环境改善、水生态修复。

为加强护城河河长制工作的组织保障，城墙景区迅速建立健全的三级河长配置，明确区级河长、景区护城河河长。同时，积极成立西安护城河河长制领导小组，建立河长专题会议制度。领导小组下设办公室，负责贯彻落实领导小组的决策和部署，拟定巡查、处理、反馈、督查、考核等各项管理制度，监督各项任务的落实。

"善治水者治天下"，河长制作为治理护城河的重要组成部分，将随着水资源保护、水污染防治、水环境改善、水生态修复的持续推进，不断实现洪畅、水清、堤固、岸绿、景美的奋斗目标，为建设品质西安提供坚实保障。

（2）保护水环境

城墙管委会确定了以再生水为主的稳定性保障水源，以大峪、黑河为辅助的应急性水源。通过闸门控制、水泵调蓄等举措，确保护城河一周供水常态化，基本解决了护城河景观水源及水质。同时，委托多个专业管理公司对护城河物业保洁、绿化养护、设施维修实行分等级、分区域日常管理，并由各职能管理办公室着力解决管理重点、难点、热点问题，形成作业规范、管理有序、环境整洁、功能完善、人水和谐的新局面，有效提升护城河环境质量。

此护城河项目也充分利用西安市高等院校、科研院所等众多专业资源优势，成立护城河水生态保护专家委员会，为护城河的保护利用以及构建新的水生态环境系统决策提供科学依据。

城墙管委会还定期开展风险评估，加强隐患排查，落实防控措施，严格实行24小时巡查机制，健全水污染事故处置应急预案，落实突发事故各项应急措施。同时，在护城河防汛管理方面，护城河防汛管理建立和完善预警与物防、技防、人防相结合的应急处置体系，提高对强降雨极端天气汛情的应急快速反应及处置能力，有效预防特大暴雨灾害，确保护城河抢险救灾工作高效有序进行及防汛设施正常运转。

此外，根据护城河不同区段情况，城墙管委会积极探索与专业机构合作，依据护城河水质监测数据分区域制定不同的治理方式，尝试采取生物、物理、生态等治理方式对护城河水体进行治理，大力修复水生态环境。

三、启 示

1. 护城河功能与城市结合进行综合改造

随着时代的进步与现代城市的发展，西安护城河由古代的城防职能逐渐转变为当今城市记忆的重要物质载体和城市生态保护系统的重要组成，具有文化遗产保护与生态环境建设的双重身份与地位。其现代主要功能在于维持城市记忆、排污纳洪与美化环境休憩娱乐场所等。

西安护城河作为一个滨水的城市公共活动空间，其沿河一周均筑有供人垂钓嬉戏、生活健身的滨水平台，在南护城河东段的解放门、文昌门、南门东侧三处的局部地段设置了游船码头，含光门西侧、文昌门东侧、朝阳门北侧等部分护城河拓宽的局部二阶平台提供了棋牌休憩场地，改造后的护城河花木成荫、绿树掩映，人民悠闲自在、安居乐俗，为西安这座古城增添了一丝色彩。

2. 因地制宜实现资源节约

景观水体大多都采用引水换水、底泥疏浚等方法进行污水的治理。但是由于护城河是一条封闭水系，其水体无法自行流动，因此，根据其地势特点设计出其自循环系统。该系统的原理是：由于护城河的原水是从水库或水厂引的水，因此原水水质较好，经一段时间使用后，其水质发生变化，悬浮物、氮、磷等污染物质使封闭式水体富营养化，因此只需经过一些深度处理即可达标，再结合其地势特点在西北角由提升泵提至拦水坝上循环利用，至此护城河内的水体就可实现循环重复利用。自循环系统不仅使水体的水质得到改善，提高了水体的自净能力，增加了水环境容量，又能减少换水频率、节省水资源、节约资金，达到延长景观水体的生命周期的目的。

3. 建立和谐的路河关系来优化交通

护城河与城墙构成的古代城防系统在现代有了其新的意义，城门的数量和位置对现代城市道路系统的发展起到了至关重要的作用。西安老城区因为包含古代遗址众多，城市发展历史久远，所以成为西安的商业、旅游中心，其交通压力也自然较大。与护城河平行而建的环城路在最初建设时主要是为了解决城市交通，没有充分考虑到城市道路与护城河之间的关系。因此，可以将人行道作为隐形的观景平台，在人行道与护城河之间设立既能融合城墙风格又可兼顾安全的保护屏障，再将原有的绿化带向外退，将观景路线与行进路线分流。如此一来，既可以让行进中的人群有驻足领略护城河景观的机会,又能保障正常的人流交通,以此让人与水、人与景、人与城市的交流变得简单直接。

点 评

西安护城河是中国城池文化的典型代表,是历史文化传承水脉和现代景观河,也是西安主城区最大的城市生态绿地,在城市发展建设中具有重要的文化价值、景观价值和生态价值,是古都西安通往世界的一张特色名片。

为展现西安古城风貌,西安市政府积极响应国家号召,综合考虑西安的历史文化特性,从河道综合改造、水资源综合利用、护城河桥梁美化加固、环城生态景观提升、智能化管理等五个方面对护城河及环城公园实施综合提升改造。改造后的护城河充分发挥其生态、文化、景观、社会效益,为打造世界级精品旅游景区发挥积极促进作用。

思考题

1. 以西安市护城河综合提升改造为例,请思考在城市水环境治理中,如何将生态、文化和城市建设三者协调与融汇?

2. 城市水环境的生态建设与保护,对西安这座历史文化名城来说有哪些特殊意义?

新型城乡工业遗产保护与再利用

  自 20 世纪 70 年代开始，随着技术的进步、需求结构的变化、城市产业结构的调整，部分传统工业逐渐衰退，国外许多城市的发展开始陆续进入"后工业时代"。

  工业遗产是人类发展史的重要见证，其承载的关于社会、经济、人口发展的信息量，被认为比其他历史时期的文化遗产要大得多。这些工业遗留物对人们认识工业活动的产生和发展，探讨人类历史的过去和未来具有借鉴价值，对于传统文化价值的保存和利用、历史文脉记忆的传承和延续更具有深远意义。

打造"文创基地"

——西安大华·1935文化创意街区的建设

工业遗产是工业文化的重要载体，记录了我国工业发展不同阶段的重要信息，见证了国家和工业发展的历史进程。

2006年4月18日，无锡市举办了以"工业遗产（Industrial Heritage）"为主题的第一届"中国工业遗产保护论坛"。2006年5月12日，国家文物局《关于加强工业遗产保护的通知》（文物保发〔2006〕10号）出台，工业遗产再利用实践进入了新的阶段，成为当前建筑更新领域发展迅速的先锋军。

为加强工业遗产保护和利用，传承中国工业精神，促进工业文化产业创新发展，根据《关于推进工业文化发展的指导意见》（工信部联产业〔2016〕446号）和《关于开展国家工业遗产认定试点申报工作的通知》（陕工信发〔2017〕329号），陕西与辽宁、浙江、江西、山东、湖北、重庆等省市开展了国家工业遗产认定试点工作。陕西省作为首批国家工业遗产认定的城市之一，在工业保护与再利用方面发挥着重要作用。

一、背　景

工业遗产这一概念在2003年的《工业遗产的塔吉尔宪章》中首次被遗产保护联合会（TICCIH）公开提出。在这一宪章中将其

生态宜居的新型城乡建设与实践

定义为：可以产生技术价值、科研价值、建筑价值、历史价值以及一定社会意义的工业文化遗产。2006年之后，国内对工业遗产的认识空前高涨，在随后进行的第七次全国性文物普查中，首次将工业遗产作为单独的遗产种类开展普查，各地文物系统也对属地的工业遗产、潜在工业遗产进行了详实的调查。在城市产业布局调整及发展经济的基础之上，工业遗产的再利用实践案例呈直线上升的态势，实践案例遍及全国各地。

陕西省于2008年5月4日颁布了《陕西省工业遗产普查工作方案》的通知，坚持"政府主导、明确职责、社会参与、形成合力"的工作原则，全面掌握陕西省工业遗产的数量、分布和保存现状，切实推进工业遗产保护工作。2019年3月，西安市政府印发的《西安市工业企业旧厂区改造利用实施办法》，明确该办法适用于西安市工业企业搬迁改造、退二转三、建设总部经济和改造提升。西安市成立由分管副市长任组长的市工业企业旧厂区改造工作领导小组。城市建成区内的老旧工业企业，按照搬迁改造、退二转三、总部建设和改造提升四类进行改造利用。

受其他城市成功改造案例的启发，西安市近年旧工业建筑再生利用项目崭露头角，得到了不错的发展，形成了包括学院路7#LOFT、大华·1935、老钢厂创意设计产业园等成功的改造案例。其中，大华·1935原于1935年由石凤翔先生始建，由苏联设计师设计建成，原名长安大华纺织厂，它承袭了珍贵的近代工业文明。大华纱厂曾经是国军的军需厂，在抗日战争中发挥了极其重要的作用。1996年12月被收归国有，并且改名为"国棉十一厂"，2008年宣布政策性破产，随后正式退出历史舞台，在2011年又以新的形式和内容重新出现在西安人的视野中。

新型城乡工业遗产保护与再利用

❖ 大华·1935改造设计方案鸟瞰图

❖ 西安市历史文脉保留现状

二、做　法

1. 理清历史文脉，解读文化基因

"一城文化，半城神仙"是对古城西安的真实写照。几千年的文化，几千年的文明，渗透在西安市青砖碧瓦、绿树红墙的每一个角落。西安，作为大西北的文化重镇，多年来，一代又一代的艺术家挥洒和延续着永不磨灭的笔墨精神。从建成到破产，大华纺织厂作为西安老工业的支柱，见证了西安发展的历史。

大华·1935文化创意街区利用后工业景观规划设计方法，以"以人为本""尊重历史"、尊重人性和自然规律为原则，以环境生态化、规划生态化，建筑、景观及周边环境的融合为目标，以场地历史记忆为轴，通过对大华纺织厂的历史文化进行理解和探究，以满足功能需求为前提，充分导入建筑设计精髓，以地域历史文化作为设计语言，赋予其新的时代精神，营造出商业与休闲、艺术与生活相交融的城市公共空间。同时注重公共空间和交往空间的打造，在街区内部创造人与建筑、人与环境、人与活动的共享

生态宜居的新型城乡建设与实践

与互动空间。使不同领域的艺术工作者、消费人群、游客、行人、市民和各类时尚元素在这里互相碰撞,激发灵感和创意。同时,"大华·1935"工业遗产文化是曲江古建和园林文化等十大现有文化形态的另一重要补充,也是古都西安的另一种文化符号,成为了全市文化旅游的新亮点。

2. 融入历史元素,重塑艺术空间

不同后工业园区具有不同的场地特征,在大华·1935公共空间应该利用和发掘原有的场地特征并将其加强或是重塑,从而突出其场所感。大华·1935厂房和改造建筑共存于密度较高的入口场地区域。大华·1935文化创意街区中错落有致的工业管道,裸露的老旧红色砖墙,原有的钢架、烟囱。在这些工业遗址界面上,随后将会被绚烂多彩的艺术宣传海报、摄影艺术作品、文化产业广告以及风格各异的雕塑作品所装饰,给公众展现园区艺术新潮的一面。整个园区的公共空间给人以极强的时尚艺术之感,也在不知不觉中提升了原本工业厂区的历史文脉氛围。

❖ 新一代工业特征利用(1)

❖ 新一代工业特征利用（2）

对于铺装材料的选择，将原有旧工业厂区所遗留的灰砖、红砖和瓦片等材料沿用下来，保护原有工业特色铺装复古基调，添加色彩、质感靠近原有工业建筑物的新材料，使之融为一体。在园区中将混凝土花格也运用到了其中，在生态保护的同时，也体现了后工业时代感，尊重了原有建筑，同时也将其用于个别景墙和座凳，另外艺术花箱、局部铺地以及水景材质都运用了水刷石。

❖ 地面铺装

园区的绿篱和攀藤植物是构成公共空间垂直界面的要素。园区的绿篱采用雀舌黄杨、小叶女贞、柏类等灌木，相互搭配，既是围合空间的屏障，也丰富了公共空间的色彩和层次。在工业建筑物边缘种植了爬山虎这类的攀藤植物，以及建筑物外侧，预留小尺度空间，栽种了麦冬、鸢尾等草本植物，软化工业建筑的生冷质感。沿着墙体种植攀藤类植物，丰富建筑外立面，打造绿色生态的空间氛围。

3. 开展文娱活动，发扬文化优势

在"大华·1935"的发展中表现出人们所预期的创意产业文化优势。虽然在目前阶段，园区内部的创意文化产业并不丰富，形式上也缺乏多样化。不过基本的文化体验空间已经建立，为其前期运营起到支持作用。园区的业态定位为涵盖文化艺术中心、近代工业博物馆、微剧场、酒店餐饮、娱乐购物等多种功能的空间体验场所。

大华博物馆位于大华·1935园区东侧，由原长安大华纺织厂老布场厂房改造而成，总建筑面积约4000平方米，由主展厅、临展厅、书吧、档案库房、创意品商店、办公区等组成。其中主展厅总建筑面积约2700平方米，临展厅约400平方米，书吧约400平方米，档案库房约200平方米。西安大华博物馆主展厅共分三部分，以长安大华纺织厂发展史与企业文化为主线，以大时代背景为辅线，分别讲述大华纺织厂的"兴建创业""新生发展"与"嬗变涅槃"。西安大华博物馆采用史料及科研文字介绍、实物展陈、图片展示、模型复原、多媒体等多种形式，融历史性、人文性、知识性、科普性于一体，充分展现大华纺织厂这一西北近代纺织业先驱的历史沿革、人文风貌等，形成开放、自由、流动、互动的参观游览空间。

新型城乡工业遗产保护与再利用

❖ 博物馆内部掠影

　　大华·1935小剧场集群位于大华·1935园区东侧,由原长安大华纺织厂新布场厂房改造而成,总建筑面积约为3300平方米,是西北地区首家高规格、高品质的集群式剧场。作为大华·1935特色文化展示区之一,小剧场集群拥有"壹""玖""叁""伍"四个剧场,完美融合了先锋话剧、儿童剧、戏曲、音乐、舞蹈等多种表演艺术的演出以及绘画、雕塑、影像艺术、行为艺术等视觉艺术的展示,为热爱和从事艺术活动的各界人士构建了一处艺术交流的互动平台,亦对培育和开发小剧场这种新兴业态、体现城市品味和文化魅力具有划时代的意义。

生态宜居的新型城乡建设与实践

❖ 大华剧场

大华·1935精品酒店位于大华·1935园区北侧，由原长安大华纺织厂招待所改造而成，总建筑面积约5500平方米，是一家接轨国际膳宿业新标准、并兼顾了现代商业潮流的精品酒店。让游客在身受前卫时尚气息熏陶、游走在历史的年轮当中的同时可满足旅游、休闲、商务接待等不同人士的多种需求。

4. 融合古今元素，实现公共空间整合与重构

"大华·1935"的整体空间延续原有陕棉厂的结构特点，保持基本形态不变。对于具有丰富历史的特色空间加以人工形式复原。园区公共空间在历史重构上体现出景观重塑的重要性。老南门广场设计以齿轮形水景广场为主，水景周围设计有不规则式景观矮墙和休闲座椅，通过景观墙将广场与外部围墙之间绿化进行抬升，增强整个场地的立体感，通过不同层次、不同色彩的植物配置丰富了老南门广场景观。老南门牌坊具有很强的工业时代感，为渲染氛围，在此处设计有旧工厂常见的大喇叭作为音响系统，可在重要节日播放相关讲话及音乐。

"大华·1935"园区入口处设计有小型休闲空间，位于内部庭院与太华南路相接处,运用厂区内砖花设计元素,作为砖花式景墙,称之为"花式景墙"空间。在入口处起到障景的作用,同时又具有老时代感。周围老庭院空间以植物美化为主,保留具有遗产价值的现有高大落叶植物,搭配适当的观花植物及常绿灌木,丰富庭院景观层次,营造绿色空间。"艺术花箱"设计为可移动式花箱,以纺织机械零件作为花箱造型,结合现代材质,设计整个花箱。整个空间既有工业历史年代韵味,又不乏现代科技气息。

入口处的主建筑,在保留原建筑基础上对外立面空间界面进行装饰。彰显现代建筑之美的同时,也对原有工业建筑有一丝保留的痕迹,这是更新改造的同时,赋予旧建筑以新的生命力。改造成功的同时,也为场地的标志性空间埋下伏笔。成为吸引人们游览大华·1935的标志性建筑物。

❖ 前广场

三、启 示

（1）工业遗产的公共价值

研究发现，有些工业遗产的保护工作常集中在市场营销和访客管理方面，而不是在于体现教育意义和公共价值方面。此类遗产保护工作的开展通常是为了追求经济效益的最大化，通过赋予其主题吸引消费者，而因此破坏了工业古遗产的价值。伦敦道克兰码头区由工业建筑改造而成的高档办公、住宅和私人娱乐场所，由于缺乏工业遗产保护政策，在改造过程中通过随机添加或移除楼层、房间和窗户，造成大量工业建筑资产受到损失。

工业遗产是近现代历史发展留给社会的宝贵公共财富，对其的保护和再利用不应该仅作为商业性开发项目，还应谋求更广泛的公众利益和社会价值。

（2）工业遗产改造的社会包容性

"成熟的改造""充满希望""历史的魅力"等这些语汇曾被用于表述历史建筑的贵族化、高端化进程（Gentrification）以及工业建筑的保护再利用过程。如曼彻斯特的工业区更新项目，将大量工厂仓库改造成为别致的阁楼公寓，推动了专为中产阶级消费支出展开的土地高档化进程。

对此已有研究指出，高成本、有限的开放空间与匮乏的儿童设施，是造成建筑改造后仅仅吸引单身贵族或丁克家族的原因。在工业遗产的保护再利用过程中，有必要考虑对低收入人群的影响，以及对于建设公共社区包括非盈利型公共场所和低收入住房等的推动作用。因此，如何使工业遗产的保护再利用兼具社会包容性并满足各种族、各阶层人群的需求和期望，提升全体公众对历史场所的认同感和归属感，进而促进社会公平公正，实现可持续发展，是工业遗产改造中值得关注的议题。

（3）工业遗产区的生态节能改造

工业遗产的保护利用不仅使城市地方文化和历史认同感得以延续，也应同时考虑实行有利于生态节能的改造路线。在曼彻斯特的很多地区，如卡斯菲尔德和安考斯特地区，都拥有大量的绿化、清洁的河道、经过改造的工业建筑以及适合步行的安全的公共空间，为其他城市将废弃的工业用地转换为充满活力的城市空间树立典范。

点 评

"我们已经进入到了后工业时代，在对大型的工业遗迹进行再利用时，最重要的是记录那些必须被拆除或移走的事物。它们不仅仅是建筑，其所承载的工业流程也是十分重要的，需要被记录下来。如果考古学家能够提前进入，并记录整个工业运行过程，那么这些结果就可以在网络上呈现，这样，现代人就不会忘记曾经在那里发生过的事情。它们不仅仅是房子，而是一种真正的生活方式。记录在人类的协同合作下进行实际产品生产的过程是至关重要的。"

——国际工业遗产保护协会秘书长斯蒂芬·修斯

思考题

1. 以西安市文化创意街区的建设为例，请思考加强新型城乡建设工业产业遗产保护与再利用还需做出怎样的努力。

2. 新型城乡建设工业产业遗产保护与再利用的建设，对西安这座历史文化名城来说有哪些特殊意义？

印染厂的"重生"

—— 西北第一印染厂的工业遗产保护与再利用

随着社会的发展，工业遗产的历史文化价值及经济开发潜力被广泛认识，工业遗产与创意产业园区的结合为工业遗产的保护及再利用提供了新的思路和方向，推动了我国旧工业建筑更新改造的进程。

2016年12月，国家工业和信息化部、财政部联合下发《关于推进工业文化发展的指导意见》，明确提出：发展工业文化产业，让工业文化产业成为经济增长新亮点，推动工业遗产保护和利用，大力发展工业旅游，支持工业文化新生态发展。

文化产业政策的推行，使得文创产业成为工业遗产保护与再利用的主流模式。我国大部分工业遗产建筑被改造为商业性建筑和文化产业园区，改造模式上基本遵循商业发展的规律，半坡国际艺术区采用的就是创意产业园的模式。

一、背 景

2003年国际工业遗产保护协会通过的保护工业遗产的《下塔吉尔宪章》中将工业遗产定义为：工业遗产是由工业文化遗存组成的，这些文化遗存具有社会、历史、建筑及科学上的价值。工业遗产包括建筑、机械设备、厂房、车间、工厂矿场、仓库货栈及生产、转换和使用的场所，交通运输及其基础设施以及与工业相关的社会活动场所（例如用于住所、宗教崇拜或教育机构）。近年来，工业遗产的概念在继续扩大，国际工业遗产保护委员会主席伯格伦（L. Bergeron）教授指出：工业遗产不仅包括生产场所，而且包含工人的住宅、使用的交通系统及其社会生活遗址等。

创意产业园在不同的国家和地区有不同的概念，目前我国有明确概念界定的是上海市政府提出的："以现有服务产业和制造行业为基础，并对所在城市进行相关调查和了解，从实际发展状况着手，使原有工业建筑与现有产业链结合，并赋予其创新性，以景观设计、文化宣传、产业资讯等多个方面因素为研究的主要领域，并受到了政府相应部门认可的功能区域。"工业遗产型创意产业园属于创意产业园的一个分支，是通过对工业遗产地的改造建成，它是一个高度资源密集型区域，常具备多重使用属性，不再仅是工业遗产的物质载体。

2019年1月27日，中国人民政治协商会议陕西省委员会发布的《关于我省工业遗产保护利用的建议》指出，对于工业遗产的保护是共同的、必须的，再利用是有限的、需要支持的。在实践中，政府应承担工业遗产保护的主要责任，要坚持以政府为主，积极探索全社会参与工业遗产保护的新路子。

西安市半坡国际艺术区前身为西安唐华一印（即西北第一印染厂），它的占地总面积约为187亩，位于西安市灞桥区纺织城西街238号的厂区。半坡国际艺术区交通便利：西靠东三环，东邻纺织城西路，北靠纺北路，紧挨地铁一号线。其所在地是国家"一五"期间由前苏联援建的纺织工业基地，承担极其重要的生产任务。整片纺织城区域曾是西安最繁华的区域之一，被誉为"小香港"。

新型城乡工业遗产保护与再利用

❖ 原西北第一印染厂

新中国成立之初,受长期战乱、通货膨胀的影响,工业生产在国内举步维艰。为保证人民生产生活的物质需求、平稳市场价格、解决混乱场面,国家制定了第一个五年计划的发展目标。这一时期,国家针对纺织工业提出了"大分散小集中"的发展原则,并在北方陆续建成了五大国营棉纺织工业基地,西安市就是其中的一个区域。

20世纪90年代前后,受整个西安市产业结构调整的影响,西安市第一印染厂也随着纺织行业的日渐衰落而倒闭,虽然整个纺织城内大量老建筑被拆除,但是西北第一印染厂内的主厂房建筑、景观风貌及一些附属的基础设施都还得以保留了下来,这与西北第一印染厂远离城市的中心区域,周围环境相对比较安静关系密切。西北第一印染厂为新中国成立之初西安市经济的恢复与发展做出了巨大的贡献,对我国计划经济时代的印染业的发展有深远的影响。保护西北第一印染厂与纺织城的老工业遗产,也是在保护西安社会主义建设时期的历史文化,是西安市十三朝古都、几千年历史文化脉络中不可或缺的一部分。

从 2007 年开始，在西北第一印染厂老厂区内自发地建立了纺织城创意产业协会，起初老厂区保存的工业遗存是由西安的一些艺术家们自发组织建设的，由创意产业协会对老厂房及其他工业遗存进行统一管理、出租及对外开放，主要以创意产业园的发展模式吸引艺术家们的到来，并将厂房布局划分为 A 区和 B 区，其中 A 区环境较为安静，适合创作，多为私人艺术工作室；B 区多是艺术家的交流平台。之后不久，纺织城创意产业区由政府接管，并改名为"半坡国际艺术区"。

2008 年 11 月，半坡国际艺术区开始对外开放，这对于创意产业的发展具有十分重要的意义。2012 年，陕西省美术家协会，灞桥区委、区政府和西安灞河新区共同开发半坡国际艺术区，将其打造成一个文化艺术基地。

二、做　法

1. 保护利用为主，改造为辅，少量补充修建

西安半坡国际艺术区总体的发展遵循保护性利用为主、改造和整理为辅、少量补充修建的原则，大面积、高标准进行绿化、景观、水景、雕塑和浮雕建设。此次改造比之前的纺织城艺术区的面积增加了 60 亩，改造中保留并改造了核心区主厂区，同时对于周边原来存在的建筑物加以改造或者新建。

半坡国际艺术区规划的核心理念是"一心、两轴、六区"的模式。其中，艺术展示区分为三个艺术创作区和一个艺术展示交流区，每个艺术创作区中心设置交流广场，为艺术家提供休息和交流的空间。

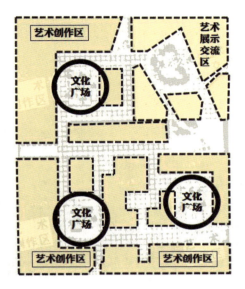

❖ 西安市半坡国际艺术区艺术展示区详细规划

原纺织城艺术区处于原西北第一印染厂区内，一直被一圈围墙圈起。西安半坡国际艺术区是公共性的，而西北第一印染厂是私有的厂区，它们的开放性质完全不同。因此在此次改造中，将这一圈墙推倒拆除，四面都建有通道可进入园区。在主入口的设计上也巧妙地加入了半坡文化遗产出土的陶罐文物的纹样，与纺织工业文化充分对比融合。

将工业遗产与产业园区相结合时，要率先考虑建筑的外部形态，根据需要将建筑外部空间进行改造。西安市半坡国际艺术区的主厂房改造保留了之前的锯齿形框架结构，只是对内部的空间进行了重新划分。在对主厂房的建筑空间进行塑造时，在线性空间的基调下，对局部进行处理，增加其开放性，并形成点状散落空间，形成园区整体点、线、面相结合的方式。主厂房内设置中央大道贯穿东西，直达工业遗址广场，并在主厂房的北侧、西侧和南侧形成主题鲜明、空间尺度不一的步行系统，和厂房内各功能形成互动，打造场所强烈的步行感受。

❖ 西安市半坡国际艺术区主厂房

原纺织城艺术区的西北第一印染厂主厂区改造成南北两大区，南区建成艺术家基地，北区建成当代艺术的聚集区。20世纪五六十年代的厂房将作为工业遗址进行保留，收集各个年代的纺纱机械进行展示，建成纺织艺术博物馆。

新型城乡工业遗产保护与再利用

❖ 西安市半坡国际艺术区存留的老式纺织机

2. 实现多元产业的衔接、互动，形成产业链效应

西安半坡国际艺术区将投资1.5亿元对艺术区的场馆和设施进行升级改造，将西安半坡国际艺术区打造成一个集历史文脉、文化产业、建筑空间、当代艺术和休闲生活于一体的综合艺术园区，成为西安市最重要的艺术家创作基地和公众参与艺术、享受艺术的中心场所。艺术区内以主流艺术为主，兼容并蓄其它艺术形式，是艺术家创作、展示、交流的平台，更是人民大众享受艺术、休闲消费的场所。

西安半坡国际艺术区构造五大板块，即以公共艺术广场、优秀青年艺术家为主的核心区，当代艺术为主的综合艺术区、视听艺术区和配套商业街，并在核心区的周边建设餐饮、酒吧、商店和酒店等服务配套设施，与堡子村商圈和半坡博物馆相互连通，促进产业多元化的发展。

生态宜居的新型城乡建设与实践

❖ 西安半坡博物馆

3. 展现本土文化,打造西安现代艺术新地标

西安半坡国际艺术区作为新长安文化艺术的全面集结地,是陕西省美术家协会、西安中国画院等文化机构、以及众多独立艺术家进行创作、展览、学术研讨交流等活动的场所。使城市文化艺术的生长空间,从小作坊走向规模化集结,从自发运动走向自觉的系统化运营,从单打独斗走向宏大格局;以个人理想的社会化,重构个体创作与社会经济结构之间新的关系。在艺术区以全新姿态面世的短短7个多月的时间里,西安半坡国际艺术区已经成功举办了"2012中国灞桥—韩国庆州国际书法美术作品交流展""长安精神:陕西当代中青年国画作品展""熔点:2012当代艺术展览"等各类展览活动10余场,参加人数达十万余人。

之后,西安半坡国际艺术区还将有效整合各种艺术门类,举办各种展览,如国画、油画、摄影、时装发布会、话剧等之类的各种各样的展览,让艺术家们在西安半坡国际艺术区这个国际性艺术平台上进行展露。

半坡国际艺术区是世界了解陕西文化的一个窗口,展现包容、进取的精神品性与博大、厚重的本土文化。同时也作为兼容并蓄世界文化的重要场所，成为全球性的交流、推广、传播的平台，成为西安与世界交流的平台。世界各地的理论家、艺术家、文化产业的工作者和爱好者来往于此，汇聚出一个多元的国际文化交流中心。

❖ "驻华外交官'一带一路'城市行走进陕西"大型考察采访活动

三、启　示

西安半坡国际艺术区在保留历史记忆、延续场所精神的同时还满足了全新的功能要求，充分展现了工业文明的痕迹与历史的进程。然而工业遗产文化创意产业园的成功与否主要在于社会对创新力的认知和城市对于工业废弃空间的利用是否完善。西北第一印染厂改造成半坡国际艺术区，为之后的工业遗产型创意产业园的空间设计改造提供了一定的借鉴意义。

1）传承历史工业的发展，融合历史建筑与文化产业。西安半坡国际艺术区在园区空间环境的营造上，保留了原生的植被，并融合了新生景观和当代艺术，实现了当代艺术与景观环境空间的

| 生态宜居的新型城乡建设与实践

相互呼应，让历史文脉在空间上得到了表达和传承。虽然西安半坡国际艺术区大部分区域已被艺术工作者改造成各类工作室和展览空间，但仍有部分区域处于闲置状态。

2）根据当地的历史发展，提取当地的地域文化特征。工业遗产具有一定的历史、经济、环境和情感的价值，应提取出独特的艺术特色、有效的符号和造型因素，将其应用在工业遗产保护与再利用的过程中。

3）遵循旧工业建筑更新设计的原则，综合考虑建筑的本身和周围的环境。在更新设计中，对于保持较好并拥有一定历史价值的建筑，延续其物质特性。具有年代感的面貌会勾起人们的记忆，引发认同感和产生归属感。对于已经损毁的部分进行修复、还原，而对于年代久远、修复意义不大的建筑，可以采用结构加固或里面更新来赋予旧工业建筑新的生命力，带来更高的经济价值。

点　评

"艺术与工业遗产保护和工业遗存的改造利用密不可分，艺术家是开路先锋，他们冲破各种束缚，战胜艰难险阻，以艺术创作的热情和对美的敏锐把握，创造了一个又一个奇迹。原来神秘而被废弃的厂区通过艺术家的创新设计，成功转化为展现艺术的窗口和城市的名片。工厂为艺术家工作室、画廊和艺术品交易提供了广阔的空间，同时工业美学与艺术美学的对比和碰撞，使两者相得益彰，产生更加新奇的效果。工业遗产和遗存本身也从工业生产空间蜕变成艺术生产空间。"

——清华大学建筑学院副教授刘伯英

思考题

1. 西北第一印染厂的成功改造给你带来了哪些启示？
2. 关于创意产业园与工业遗产相结合的案例你还知道哪些？它们跟半坡国际艺术区相比有什么相同和不同之处？

| 生态宜居的新型城乡建设与实践

煤矿的"变身"

——陕西王石凹煤矿的工业遗产保护与再利用

近年来，工业遗产的保护成为理论研究和项目实践的共识，旧工业建筑的价值也得到了重视。

2006年5月20日，国家文物局《关于加强工业遗产保护的通知》中明确提出，工业遗产是文化遗产的重要组成部分，加强工业遗产的保护、管理和利用，对于传承人类先进文化，保护和彰显一个城市的底蕴和特色，推动地区经济社会可持续发展，具有十分重要的意义。2018年11月19日，中华人民共和国工业和信息化部印发了《国家工业遗产管理暂行办法》，指出支持利用国家工业遗产资源，开发具有生产流程体验、历史人文与科普教育、特色产品推广等功能的工业旅游项目，完善基础设施和配套服务，打造具有地域和行业特色的工业旅游线路。

国内外对于工业遗产保护与利用的模式大致有以下几类：工业博物馆保护模式、综合物业开发模式、创意园区利用模式、住宅模式及遗址景观公园改造模式等。其中遗址景观公园改造缓和了工业和生态环境之间的冲突，为人们日常的休闲娱乐提供了去处，满足了人们对于优质生活环境的追求。因此，景观公园改造模式成为工业遗产保护与再利用的再生新趋势之一。

新型城乡工业遗产保护与再利用

一、背　景

将旧工业建筑进行景观化改造、保护与利用早已有之。西方较早进行景观化改造的有1863年建成的巴黎比特·邵蒙公园。而我国的民族工业比西方国家发展晚，对于旧工业建筑的更新利用也比较滞后。20世纪80年代后期，我国开始对废旧的工业厂房进行改造，如北京手表厂改造的"双安商场"。20世纪90年代后期，俞孔坚教授率领团队将广州粤中造船厂改造成中山岐江公园，成为我国首个将旧工业建筑改造成公园的成功案例。随后，唐山南湖湿地公园、上海后滩公园、天津紫云公园、上海世博园后滩湿地公园等项目相继展开。近年来，我国对废旧工业建筑的改造模式逐渐多样化，这些废旧工业建筑的改造也带动了地区的经济发展。

2019年1月27日，中国人民政治协商会议陕西省委员会发布的《关于我省工业遗产保护利用的建议》指出，加快实施一批工业遗产保护利用示范项目。优选重点支持一批示范项目，如铜川王石凹煤矿、西安幸福林带"156项"工业遗产博物苑、西安"大华·1935"、宝鸡申新纱厂长乐塬"十里荣耀"、延安延长石油厂等，切实发挥示范引领作用，以促进工业建筑再利用的发展。

王石凹矿位于铜川市东郊的鳌背山下，属于陕西煤业化工集团铜川矿业公司，是国家"一五"期间156个重点工程建设项目之一，由前苏联列宁格勒设计院和西安煤矿设计院共同设计，1957年开工建设，1961年建成投产，年设计能力120万吨，是铜川矿区煤炭生产的大型骨干矿井之一，也是当时西北地区的第一座最大的机械化竖井。

| 生态宜居的新型城乡建设与实践

❖ 王石凹矿竖井井筒

20世纪70年代，这里的生产热火朝天，生活热闹非凡，学校、医院、食堂、商店一应俱全，其繁盛程度被誉为"小香港"。辉煌过后，没落悄然而至。煤炭市场的低迷、资源枯竭、成本与价格倒挂，使王石凹矿无法继续开采，产业转型成为王石凹矿面临的紧迫问题。

2014年10月，为积极落实国家"供给侧结构性改革"政策，陕西煤业化工集团出台了"十项改革措施"，将王石凹煤矿予以关停。2015年10月，矿井安全顺利完成回收工作，面对企业后续发展和富裕人员安置的新形势、新挑战，王石凹人转变观念，经过优势评估、科学论证，大胆提出了"四五一"转型发展思路，并以此探索出一条独具特色的转型之路。以王石凹煤矿独具特色的建设背景、建筑风格和极具代表性的发展历史，在企业、政府及有关部门的大力支持下申请"煤矿工业遗址公园"。

新型城乡工业遗产保护与再利用

❖ 王石凹煤矿工业遗址公园

2015年，王石凹煤矿迅速成立了工业遗产保护工作小组，对苏联援建的选煤楼、办公楼等苏式建筑风格的矿山建筑群和炮采、高档普采、综采、仿苏制主副井提升设备等一系列工业遗产展开保护。2017年12月11日，陕西省文化遗址公园工作座谈会在西安召开，公布了第一批"陕西省文化遗址公园"名单。陕煤集团铜川矿业公司王石凹煤矿是全省首批唯一入选的煤矿工业遗址，填补了陕西省乃至西北地区煤炭工业旅游的空白。

二、做　法

1. 以稳固煤炭事业根基为使命，彰显时代价值

王石凹煤矿半个多世纪的发展史，不仅是我国煤炭行业现代化发展的一个缩影，更是中华人民共和国煤炭事业发展的见证者。从人拉肩扛到半机械化的人工炮采，从高档普采到全机械化的综采采煤工艺变迁，王石凹煤矿都走在全国前列，引领了行业发展。王石凹煤矿的发展见证了新中国煤炭事业的发展，这些保存完整的工业遗产蕴含着丰富的历史价值，并且为国内煤炭工业的发展史提供了弥足珍贵的史料。

"一五"期间,铜川市的煤矿很多以王石凹煤矿为模板建立起来,最多时达到100个。20世纪60年代,企业自建了医院、学校等民生机构,兴办了服务矿山建设的石灰厂、石子厂、纸箱厂、瓷砖厂等小型工厂,解决了职工家属的生活需求,保证了当地人的起居生活,更多地承担了地方的社会责任。王石凹煤矿使"一个矿井改变了一座城市",凸显了其社会价值。

科学技术是第一生产力,王石凹煤矿在发展过程中拥有领先全国的建井、光面爆破、采煤技术,以及广泛应用的科研成果。王石凹煤矿生产技术和工艺方法的创新以及不同时期科技技术档案的完整性是其科技价值的体现。王石凹煤矿工业遗产真实地书写了现代中国煤炭工业科技进步的发展历程,清晰地反映了中国煤炭工业发展的技术水平,对推动当时科学技术的进步和煤炭工业的发展具有重要的价值。

2. 以生态环境治理为抓手,建立新型人文景观体系

"煤炭开采不仅会造成沉陷区、采空区,还会对地下水系造成破坏。这是影响城市转型和生态修复的难点。"铜川市市委书记杨长亚谈到废弃煤矿环境治理和生态修复时说道。

之前王石凹煤矿在开采和洗煤的过程中排出的固体废物煤矸石,容易自燃,会释放出大量的有毒有害气体,污染大气环境。同时,这些煤矸石中的重金属进入到地下水中会造成水体重金属超标,严重危害居民的生命安全。

面对环境治理的难题,中国公路工程咨询集团有限公司利用自身在景观设计方面的优势,对于煤矸石矿山建立了新的自然和人文景观体系。在原设计基础上打造出了生态排水沟,该生态排

水沟景观效果好、生态效益高;在生态修复过程中,利用香根草植物本身卓越的物理力学性能和对恶劣生长环境的超强适应力,使用香根草实现对修复区域土壤水源的生物性净化和重金属吸收;在绿化工程中使用自然组团配置方式,配置适应性强的观赏草和野花组合,既美观大方又不失趣味。

❖ 王石凹煤矿工业遗址公园掠影

❖ 王石凹工业遗址公园内部景色

3. 以工业煤矿为特色,打造复合型旅游景区

王石凹煤矿工业遗产项目主要依托具有王石凹煤矿地域特色的矿区人文景观、工业遗存和苏氏建筑风格打造复合型旅游景区,规划范围包括地上、地下"两个空间四大板块十二个分区"。

地上空间打造工业博物馆,集中对工业遗存进行展示。利用主井、副井、选煤楼、矿车轨道、火车道等设施,形成工业遗址主轴、生态文旅副轴、王石凹小镇居住区、特色旅游示范区、鳌背山生态文化区、现代农业示范区、山林生态涵养休闲区建设项目。

其中,煤炭博物馆以现矿工俱乐部为依托,通过改造建成王石凹煤矿博物馆和剧场;展示中心保留煤楼选煤设备,以固定景观的方式展示块煤和流煤的过程,并通过文字解说向游客展示选煤的全过程;火车餐厅、滤管放置火车车厢,设置车厢餐厅、车厢住宿、车厢酒吧等旅游项目。同时,建设露天演绎场和文化展示广场。

井下的空间打造"世界第一深度穿越体验之旅",通过地下巷道走势,模拟煤矿"五大"自然灾害的发生及预防,打造奇幻的煤矿井下探秘游项目。以高科技手段打造出探索井下奥秘、煤炭采掘科普、角色扮演等六大板块煤矿主题娱乐体验区及"地壳揭秘""时空画廊""矿道探险""煤力无限""地心穿梭"等18项全球首创VIP实景角色体验的"旷世传奇"体验项目。

❖ 窑洞式小楼

❖ 副井提升房内的机器

❖ 王石凹工业遗址公园内的火车轨道

矿区内现存的主副井提升设备、高档普采、综采设备等工业遗产，再现了我国各个历史时期煤炭开采的水平，为了解陕西省煤炭工业的开采史提供了珍贵的证据。

三、启　示

旧工业建筑的景观化改造与再利用是工业遗产保护与再利用的模式之一。景观化改造可以尽可能地减少材料和能源的消耗，是减少环境污染的有效方法。将废旧厂房进行景观化改造，最重要的目标是为工业衰退带来的社会和环境问题找到出路。现阶段我国在工业遗产的景观化改造方面仍处于发展的阶段，王石凹煤矿的成功改造，为之后的景观化改造带来了一些启示。

1）考虑好要保留的因素。工业遗产具有历史、社会、建筑和科学上的价值，在改造的过程中要对具有重要历史意义及重大文化价值的建筑物进行保留。对于保存较完好且经过改造能很好地体现工业遗产风貌的构筑物进行保留，对于保留下来的建筑物和构筑物适当地加上新设计手法创造出别致的景观。王石凹煤矿改造中就对具有苏氏建筑风格的建筑及矿区内存在的采矿设备进行了保留，打造出了具有煤矿特色的公园。

2）环境治理和生态修复。经过工业时代的大生产，大多工业遗产存在环境污染的问题，在环境重塑的过程中首先要进行生态修复和环境治理。生态修复通常是从土壤、水体和植物这三个方面采取措施。在进行植物配置时也要考虑到不同的类型，对于场地内的古树尽可能地保留，并结合景观设计种植合适的树种，使改造后的景观公园实现一个良性的循环。

3）使用新方法、新技术进行改造。废旧厂区的改造通常分为两部分进行：一是室内空间形态的改造；二是建筑外部形态的改造和室外环境景观的改造。工业遗产的改造是一项长期的任务，改造过程中会遇见各种各样的问题，故景观改造的方法也应随着社会的发展而不断地完善。

点评

"老工业城市在推进工业遗产保护与利用等方面，不仅要注意工业遗产本身的价值判断、采取适宜的保护与利用模式，还应注意在城市更新层面思考与工业遗产本身相适宜的多元化保护与利用策略。应在城市织补理念指导下，思考工业遗产所在地段城市功能缺什么、工业遗产保护利用可能模式是什么、我们可以通过工业遗产的职能转变为城市补充什么，以此重新赋予工业遗产更多元和更现代的价值。"

——北京工业大学建筑与城市规划学院副教授孙颖

思考题

1. 以王石凹工业遗址公园为例，请思考将工业遗产改造成遗址景观公园应该注意什么。
2. 王石凹煤矿的改造，对陕西省来说有什么特殊意义？

生态宜居的新型城乡建设与实践

打造"文化校园"
——陕西钢厂再利用建设

在社会不断发展的过程中,各种新型的词汇、概念也开始出现在人们的生活当中,例如"工业遗产"。根据国际工业遗产保护协会提出的内容可以知道,所谓的"工业遗产",其实是由工业文化遗存构成的,包括其拥有的历史、技术、社会、建筑或是科学上的价值。简单来说,工业遗产不仅仅包括建筑物、设备机器以及车间等,而且也包含着工业仓库、能源生产、运输使用等相关的构筑物和场所。凡是保护价值与工业有关系的一些活动场所,也都包含在工业遗产范围内。

2006年5月,国家文物局下发了《关于加强工业遗产保护的通知》,提出要重视工业遗产保护,开展工业遗产的调查、评估、认定、保护和利用等各项工作。北京、上海、江苏、广东等省市已积极开展工业遗产保护工作,如北京798工厂、上海江南造船厂、广东粤中造船厂等见证中国工业发展进程的工业遗产得到有效保护和合理利用。2008年5月,陕西省人民政府印发《陕西省工业遗产普查工作方案》,要求开展全面普查,建立遗产清单和工业遗产数据库,了解工业资产资源的分布情况,有利于做好工业遗产保护工作。2017年,陕西省工信厅会同陕西省文物局启动"一五"及"三线建设"时期在陕"156"重点工程项目的工业遗产调查。

陕西省积极响应国家政策,全省多处地区入选国家工业遗产名单。陕西的工业遗产在中国近代工业史上写下了浓墨重彩的一笔，它们是这座城市的荣光，也是岁月深处情感的承载，包含着浓重的爱国主义色彩和鲜明的时代特征，是我国民族工业从无到有、从小到大再到富强的重要见证。保护好、利用好工业遗产，不仅是为了留存城市工业发展的印记，更是为了对未来的城市工业发展提供启迪。

一、背　景

新的世纪，经济体制的改变，产业结构的调整，高新科技产业不断兴起，采矿、钢铁等传统行业面临着挑战。城市空间面临着新的调整。

西安市是我国西北地区的中心城市，也是中西部重要的科教、国防和高新产业基地，也是联系我国西北、西南、华北、中南地区的交通要冲。西安市的城市化发展对推动陕西省及带动我国西北、西南地区的社会经济发展具有重要意义。

陕西钢厂于1958年建厂，1965年和搬迁进来的大连钢铁厂一个车间重新组建，并投入生产，后来逐渐发展成为一家大型特种钢企业。20世纪90年代末，由于钢铁产业大的波动，陕西钢厂的产业调整不当，设备陈旧，能耗增高，原材料依靠外地运进，交通运输成本增高，市场优势降低，企业退休职工越来越多，导致企业负担的养老金越来越多，虽经过数次的改革，但终究失败，于1999年停产。2002年，西安建大科教产业集团公司收购了陕西钢厂。2012年在华清集团对小型工业企业再次转型的需求下，由西安新城区政府推动，引入西安世界之窗产业园投资管理有限公司，开始了"老钢厂设计创意产业园"的定位开发。

生态宜居的新型城乡建设与实践

❖ 陕西钢厂厂房原貌

西安华清创意产业发展有限公司秉承"旧厂房、新生命"的开发理念,践行老厂房活化再利用的城市更新方式,对原陕钢特钢车间老厂房重新定位、规划、改造,着力打造以设计、创意为主题的产业园区。2016年3月14日,西安市新城区"双创"示范基地在这里挂牌成立。

老钢厂位于西安新城区幸福中路109号,位于西安市幸福南路与建工路交汇处。园区总占地面积50亩,改造后总建筑面积4.5万平方米,单元面积100平方米~2000平方米,层高达3.9米~7.8米,绿化覆盖率30%以上。老钢厂设计创意产业园整体规划为四大版块:创意展示交流中心、LOFT创意生态办公、创意集市以及企业孵化中心,成为集时尚创意展、LOFT创意办公空间、企业孵化中心、产业信息交流、人才培训、企业服务、创意商业集市、工业景观八大功能于一体的城市再生型产业园区。既体现城市艺术活力和时代精神,又实现文化延续与城市再生。

二、做　法

1. 局部拆除，局部更新的再生手法

老钢厂设计创意产业园区结合西安历史文化和工业遗址地位，坚持"保持原有风貌进行局部更新"的原则，拆除利用价值较低的建筑和构筑物，将空间资源进行整合，连通内院和街巷的交通网络。

对陕西钢厂工业遗存进行改造设计时，保留工业特色景观，利用特色工业元素，将简单旧物艺术化。高大的烟囱、齿轮配件等都成为了景观雕塑。园区内除了保留原有的厂房建筑之外，将生产设备和构筑物也一并留下。

❖ 齿轮备件

保存砖砌墙面，分离外墙多层窗的竖向高度，发明 loft 空间。由于原厂房修建体量大，空间跨度大，红砖外墙具有分明的产业修建特性，因此，在革新历程中，将车间原有的梁柱构架和屋架作为框架予以保存，在原构造根底上局部加建了层高。除此之外，还保留大量的原生树木，最大程度地减少了对原有景观的生态破坏，对必须移除的乔木也是采取移栽的方式。在连廊和露台之间增加了绿化设计。

2. 优化整合资源，厂房到校园的变革

华清学院是2004年西安建大华清科教产业公司在原陕西钢厂北区的基础上，经过国家教育部批准，联合社会力量以新机制、新模式创建的一所独立本科院校。2002年12月，经过近一年的改造，满足了基本的入学条件。2003年9月，建大华清学院第一批学生入学。先后利用原旧工业建筑约30万平方米，自建20万平方米，改造和新建建筑50余个。其中学院的3栋教学楼、学生餐厅、实验楼、综合服务楼、图书馆、教研楼和大学生活动中心等均是原有厂房或指挥室改造而成的。

陕西钢厂厂房位于湿陷性黄土地基之上，因此在华清学院的校园建设过程中，对原车间建筑进行了地基加固。同时，原厂区的建筑经过检测以后，根据每栋建筑的具体情况，对建筑构件如梁、柱等进行了具体加固。华清学院的图书馆是在原调度室和厂房的基础上改建而成的。学院根据原工业建筑的外立面特点，组织相关的专业设计人员，在原有的钢框架结构的基础上，加入了既能防水又轻质的隔墙材料。学校办公室、教室、宿舍等的室内隔墙采用了轻质、节能、隔音的新型复合材料。由于厂房净空较高，作单层建筑使用不能充分利用上部空间。在后期改造过程中，华清学院的食堂、图书馆等融入楼梯、自动扶梯等现代化元素，实现了原有厂房在空间上的过渡。

3. 产业结构升级，创意产业发展

老钢厂作为西安文化创意行业的一颗耀眼明星，也作为新城区的城市会客厅，目前入驻企业或商户共约150家，形成了以创意办公、文化商业、展览展示为主的产业结构。废弃的老厂房经过改造再生，保留了原有建筑间的尺度，将其打造成创意商业街，集休闲、娱乐、饮食、购物于一体。将创意、文化、建筑、艺术元素渗透其中，生出浓浓的艺术氛围，使沉睡的建筑焕发出新的生命力。

创意产业园利用老钢厂原有的高层距，将内部空间改造为loft形式，为入驻企业打造"低密度，多层次"的总部基地型办公环境，以及别墅式独栋办公条件。创意展示交流中心内设多功能活动交流厅、会议报告厅。其独特的工业风格，成为项目的亮点。这里已经承办了许多国内外的设计文化交流、行业发展交流会，举办了众多设计行业新产品发布会和企业商务互动等活动。在推动城市经济发展和工业遗产复兴的同时，营造文化艺术氛围，推动创新发展和国际交流，为城市发展注入新的活力，提供新的机会。

三、启 示

老钢厂设计创意产业园的成功实施，折射出旧工业建筑改造再利用符合时代潮流，意义重大又深远。经济的快速发展和产业结构的调整，在城市化进程中，闲置废弃工厂、旧工业建筑的出现和高校的扩招急需校区，可持续发展的时代潮流和厂校的历史使命使这一项目一拍即合，促使了项目取得了显著的成果。该项目的成功经验证明，旧工业建筑改造再利用是可持续发展理念在建筑领域的具体实现和升华,是实现可持续发展和以人为本构建和谐社会的良策和举措,为当今和未来城市建设领域类似的改造再利用项目提供了有益的参考和借鉴,也是可持续发展的有效途径。

1)传承时代精神,延续历史文化。改造再利用整体规划设计方案,把充分尊重原建筑主体、延续和宣扬历史文化作为设计的第一原则。设计大胆新颖,不拘一格。旧厂区内有许多标志性的工业建筑,具有一定的美学和文化价值。如原工业厂房的天窗、吊车梁、排架柱等基本构件以及生产机器设备等都得以保留,被改造为校园独特的建筑景观,这些不仅记载了原陕西钢厂的历史痕迹,同时还为专业教学提供了最直观的学习素材,体现着旧建筑改造再利用的历史文化价值。

2)适应时代需求,符合可持续发展原则。可持续发展在许多领域中被当作一项指导思想和目标广泛应用,旧工业建筑改造再利用也不例外。该项目是在原陕西钢厂房、办公楼的基础上改建而成,合理利用了原陕西钢厂资源。与新建项目相比,产生的建筑废弃物、建筑垃圾、粉尘、噪音污染均大幅度降低。另外,与新建项目相比,还节约了土地、水、电及各类建筑、工业材料等资源。

3)融合企业和教育平台,激发城市艺术活力。陕西钢厂的创意改造使废弃的工厂成为校园,学生餐厅、图书馆、实验楼均由原有厂房改造而成。同时,园区内入驻了众多创意办公类、文化商业类企业。企业与教育平台的融合,营造了具有时代感的校园氛围,创造了具有青春活力的办公环境。

点评

"工业遗产保护和活化的重要性体现在经济发展、城市发展、乡愁记忆三个方面。艺术创意园区以现代企业集群式的入驻方式使老厂房成为了现代服务业聚集区,老厂房活化自身的同时也带动了地区经济增收。在艺术家、设计师们的精心设计和改造下,老厂房成为了城市建设的亮点,改善了城市面貌。被遗忘的老厂房是城市历史的记录仪。对其重新整合,是将城市中被遗弃的空间变废为宝,更是唤醒了工厂的记忆和情怀。"

——西安老钢厂设计创意产业园总经理全建彪

思考题

1. 以陕西钢厂改造为例,请思考加强工业遗产保护的对策有哪些。
2. 生态宜居的新型城乡建设,对西安的城市发展有哪些特殊意义?

新型城乡绿色建造技术应用

在全球气候和环境的变化下，人类必须发展低碳经济，才能更好地生存和发展。党的十八大以来，党中央、国务院特别重视我国经济的绿色发展，于 2015 年 3 月首次把绿色化的发展要求与新型工业化、城镇化、信息化和农业现代化并列提出；党的十八届五中全会提出的五大发展理念中又把绿色发展理念列入重要位置；党的十九大再次为未来中国推进生态文明建设和绿色发展指明了方向。

打造新的建筑时尚

——运用绿色建筑原理改造传统民居

随着我国城镇化水平的不断提高，以住宅为主的建筑业对拉动经济增长和提高居民生活水平发挥了重要作用。然而，建筑的高能耗、环境污染严重、循环利用率低、住宅舒适度差等问题也逐渐突出。我国是一个经济增长快速、人口占世界20%的大国，同时也是能源和资源相对匮乏的大国。在此背景下，推广节地、节能、节水、节材和环保的绿色建筑成为建筑业发展的趋势。要实现建筑生产和生态环境的协调可持续发展，引入注重节约和保护自然环境的绿色建筑理念已成为当前世界建筑研究与发展的主流和方向。

我国正处在城镇化快速发展的时期，资源和环境问题日益突出，如何抓住发展机遇，因地制宜地把"绿色"真正融入到建筑中，是当前面临的重要考验。面对飞速的发展形势，在城市建设中发展能够节约资源、保护环境、可持续发展的绿色建筑就具有十分重要的意义。

一、背　景

由于我国疆域辽阔，民族众多，各地的地理气候条件和生活方式都不相同，因此传统民居的种类十分丰富。其中，陕西省的

生态宜居的新型城乡建设与实践

"窑洞"与客家的"围龙屋"、北京市的"四合院"、广西省的"杆栏式"和云南省的"一颗印",合称为我国最具乡土风情的五大传统住宅建筑形式,被中外建筑学界称为中国民居建筑的五大特色之一。在陕北地区,乡村居住建筑中约90%为传统窑居建筑,老百姓最喜爱的是砖或石材箍起的靠山窑,约占总数的70%以上。

一般来说,传统民居是适应当地气候及自然条件的有机产物。它不仅保留了地域文化,也具有一定的舒适性。但是随着城镇化进程的加快,人们对提高居住环境条件的需求日益提高,村民难以忍受那些破旧的、基础设施不全的居住环境,渴望能拥有城里人那样的居住条件。因此,少部分先富起来的村民自己拆旧建新、盲目效仿,使得形体简单、施工粗糙、品质低下、能耗极高的简易砖混房屋随处可见。这种行为造成的结果是:新建房屋的抗震性能较差,建筑能源资源消耗成倍增长,生活污染物和废弃物的排放量急剧增大,且破坏了地域建筑的文化和风貌。

❖ 传统民居——窑洞

为了解决这些问题，以西安建筑科技大学教授刘加平院士科研团队为代表的许多科研团队运用绿色建筑原理对传统民居进行创新改造，把这些地域特色浓郁的传统民居发展成了新的建筑时尚。这不仅改善了人们的居住条件，也为传统民居的保护与传承提供了一种更加可行的方法。

二、做　法

1. 延安枣园村窑洞改造

枣园村位于延安市区西北 7 公里处的西北川，地处一连山和二连山的山坡上，坐北朝南。坡地上植被稀少，水土流失严重，具有典型陕北黄土高原地形地貌特征。原来的枣园村绝大部分住户居住在砖石窑洞之中，其布局为自然形成，土地浪费较严重。村民生活用水来源于山中泉水的贮蓄和川地中的井水，水资源匮乏。村容村貌不整，卫生条件差，居住环境低下，整体建设水平较低。

枣园村窑洞改造项目实施和推广了一整套绿色适宜性建筑技术，主要包括：可再生自然能源直接利用技术、常规能源再生利用技术、建筑节能节地技术、窑洞民居热工改造技术、窑居室内外物理环境控制技术、废弃物与污染物的资源化处置与再生利用技术及主体绿化技术等。

新型窑洞以天然石材为基本建材，减少了制砖的能源消耗和污染。室内卧室、客厅、餐厅、厨房、洗浴室等一应俱全，同时还将延续了几千年的一层结构改造为二层结构，从而节约了大量的土地。

窑洞民居空间形态与太阳能动态利用有机结合是新型绿色窑

洞的关键技术之一，针对不同户型方案分别采取了直接受益式、集热蓄热墙式、附加阳光间式以及组合式的被动式太阳能采暖方案。该项目为传统窑居新建了附加阳光间，以玻璃替代了麻纸，增加了房屋采光度和利用太阳能得热。在大部分住户家中安装了太阳能热水器，为村民的生活提供了方便，同时节约了烧水所需的常规能源、减少了对环境的污染。

设计了采用地热、地冷的通风空调系统，具体做法为：在院内挖一个地窖，利用通道与室内墙壁上的排气扇相通，通过排气扇进气或出气，使室内环境既能在夏季降温又能在冬季得热，在改善室内空气质量的同时也调节了温度。全部新型窑居都合理地组织和运用了风压通风和热压通风，保证了冬季换气和夏季降温的要求，并应用了双层保温隔热窗，多功能和多样性窑顶绿化以及窑顶新型防水技术。住户洗澡、取暖、制冷均不采用电力而是充分利用自然条件。

如今，延安市的新型绿色窑洞不但带动了当地旅游业的发展，也深刻地影响和改变着当地人的生活观念。

❖ 新型绿色窑洞

2. 宁强李家院村生态民居设计

宁强县是陕西省汉中市的下辖县,位于陕西省西南隅,北依秦岭,南枕巴山。陕南山地民居是我国传统民居中的典型代表之一,它结合了对山地气候的适应性与北方民居防寒防热的优点。汶川地震给宁强县带来了巨大的损失,李家院村是受损较严重的村庄之一。地震造成李家院全村26户38间房屋倒塌,64户348间房屋严重受损,18户155间房屋一般受损,全村需要重建房屋为67户。在宁强李家院村的新民居设计中,所有的概念形成都围绕"实现生态住宅"这一目标进行。将"以人为本、生态与可持续发展、传统与文化复兴"作为设计理念的核心。

❖ 地震中损坏的住宅

结合"生态、节能环保型住宅"建设理念及发展庭院经济的实际需求,本方案吸取陕南地区民居特点,组成前宅后院、独门独户的居住单元,结合现代村民生活方式的发展趋势,在传统民居形式的基础上进行了适当的调整,使整体布局更加合理。

新民居在设计中加强了各房间及坡屋顶夹层的通风组织,同时根据经济条件、个人需要,结合南向立面,在主卧外局部或整个通廊设置阳光间,以改善该地区冬季室内的小气候。在阳光间内表面安装蓄热窗帘,夜间防止热量流失。

沼气是一种高效、环保的燃料,替代传统能源的前景广阔。新民宅中沼气池的建设以解决农村生活用能为目的。在平面设计中,将卫生间与畜廊集中设置,利于人、畜排泄物的收集,同时改变了人畜粪便随意排放的状况,减少传染疾病的发生。将收集的沼气通过小型装置快速而便捷地运送至厨房,减少了木材作为炊事能源的消耗,大大地促进了农村经济和社会的可持续发展。

三、启 示

(1)指明了中国传统民居建筑的发展方向

新型窑居建筑的建成使用,标志着陕北黄土高原地区传统窑居建筑的再生和窑居住区可持续发展研究取得了突破性进展,证明了地方传统民居与现代绿色建筑原理和绿色建筑技术相结合是中国优秀传统民居建筑的发展方向。从偏远山区的窑洞居民,到延安地区的政府机关干部都络绎不绝地来到延安市枣园村参观考察新型窑居建筑。国外专家参观访问后更是给予高度评价,美国华盛顿州立大学建筑系已经将延安市枣园绿色窑居示范工程作为建筑学本科学生的实习基地。毫无疑问,蕴涵于中国传统窑洞民居中的优秀建筑文化和生态经验,将随着新型窑居建筑继承下去。

(2)促进乡村文化振兴

乡村文化振兴是实现乡村可持续发展的重要路径。乡村文化振兴是利用乡村文化和民族文化资源，推动乡村产业结构调整，促进乡村脱贫致富的重要抓手，是解决城乡文化发展不平衡不充分问题的基础工程，对于乡村组织振兴、生态振兴、产业振兴、人才振兴具有重要引领和推动作用。从发展的角度来说，文化产业的发展大有潜力。现在人们的经济条件不断变好，开始追求精神生活的富足，不少城市人不再满足于去一些大的景点，越来越多的人喜欢体验农村的生活。运用绿色建筑原理改造传统民居不仅改善了当地居民的生活条件、满足了现代化建设的要求，还使得传统民族文化资源得以保留。借助传统民居大力发展文化产业，可以助力本地区打造旅游品牌，振兴和传承乡村文化。

点 评

地域文化是动态的、不断发展的，它是在不断创新、不断吸收中逐渐积累起来的。地域文化不是一种固有的模式，更不仅仅是一种"文化遗产"。简单地"复制"传统并不困难，但这不是目的。因为尊重传统不是墨守成规，不等于复古，更不是"仿古"，而是要在继承传统的基础上创新。今天的经济、技术成就，要用今天的文化形式去反映。应用绿色建筑原则，对传统民居进行创新改造，不仅有极好的社会经济效益，而且可以在农村民居建筑改造实现可持续发展方面创出一条新路。

思考题

1. 思考应用绿色建造技术对传统民居改造带来了哪些社会效益。

2. 除了文中提到的案例，绿色建造技术还在哪些乡村有应用？

工业化建造的新形式

——绿色装配式钢结构与喷涂式原竹龙骨组合结构

伴随着现代工业技术的发展，建造房屋可以像机器生产那样，成批成套地制造，这种颠覆传统建筑业中分散的、低水平的、低效率的手工业生产方式的新模式被称为"工业化建造"或"装配式建造"。

发展装配式建筑是建筑业生产方式的重大变革，因为采用标准化设计、工厂化生产、装配化施工、信息化管理、智能化应用，装配式建筑也成为了现代工业化生产方式的代表。通过大力推广装配式建筑，可以推进建筑绿色化、工业化、信息化，实现传统产业转型升级。

西安建筑科技大学钢结构研究团队通过对陕西省城镇发展过程中住宅建设现状进行分析，结合绿色建造和工业化建造理念，自主研发了绿色装配式钢结构体系和喷涂式原竹龙骨组合结构，为装配式建筑提供了更多的应用场景。

一、背　景

"建筑装配式"这一概念自古有之，17世纪欧洲人向美洲移民时所用的木构架拼装房屋，其实就是一种装配式建筑。1851年伦敦建成的用铁骨架嵌玻璃的水晶宫是世界上第一座大型装配式建筑。第二次世界大战后，欧洲国家以及日本等国房荒严重，迫切要求解决住宅问题，促进了装配式建筑的发展，之后得到大量推广。

❖ 伦敦水晶宫

我国的装配式建筑规划自 2015 年以来密集出台，2015 年 11 月 14 日，住房和城乡建设部出台的《建筑产业现代化发展纲要》计划到 2020 年装配式建筑占新建建筑的比例达 20% 以上，到 2025 年装配式建筑占新建建筑的比例达 50% 以上；2016 年 9 月 27 日，国务院办公厅发布《关于大力发展装配式建筑的指导意见》，要求按照适用、经济、安全、绿色、美观的要求，推动建造方式创新，大力发展装配式混凝土建筑和钢结构建筑，不断提高装配式建筑在新建建筑中的比例。

传统的装配式建筑主要有钢结构和装配式混凝土结构两种形式，其中钢结构建筑是指以钢结构为主要承重结构，以轻型建筑墙体材料为围护结构的建筑。钢结构住宅作为绿色建筑的主要代表，具有重量轻、施工速度快、性能好、节能、节材、节水、节地、抗震等优良性能。

随着钢结构建造技术的不断发展，一些绿色装配式钢结构新工艺也随之诞生。然而，目前国内绿色装配式钢结构住宅发展仍然十分缓慢，这主要是由于我国的多高层钢结构住宅还存在很多问题，具体体现在：钢结构住宅的户型设计、结构形式、梁柱选取以及配套围护体系的选择等方面没有达成共识；多高层钢结构住宅的结构性能研究不充分；仍然没有一个得到认同的合理且行之有效的钢结构住宅体系。

对此，西安建筑科技大学研究团队融合国内外低、多层钢结构先进技术，采用"建筑元器件"的设计概念，自主研发了两种适用于低、多层的模块化建筑体系：全装配钢框架建筑体系和盒子型模块化装配建筑体系。同时，团队还从陕西省新型城镇化建设出发，结合绿色建造理念，创造了一种喷涂式原竹龙骨组合结构。

二、做 法

1. 绿色装配式钢结构新工艺

（1）装配式钢结构体系 + PC 构件

钢筋桁架叠合楼板是钢结构与 PC 结合的典型构件。带桁架钢筋的自支承叠合楼板拼缝构造方式简单，在工厂将桁架钢筋和底板钢筋布置好后，浇筑混凝土形成带桁架钢筋的预制薄板，将其吊装就位后，在拼缝处直接放置横向钢筋，而后浇筑混凝土形成双向叠合板，该叠合板能够自支承，不需要占用大量模板，符合新型建筑工业化的要求。

❖ 钢筋桁架叠合板

（2）围护墙体、构造做法的交叉应用

轻钢龙骨保温装饰一体板采用镀锌轻钢龙骨作为承重体系，并融合保温装饰一体板技术一次成型，可以广泛应用于外墙围护和内墙隔断，如下图所示。该墙体用钢量低，结构自重轻，有利于抗震；工厂化程度高，运输方便，现场易于装配；干法作业，环保节能。

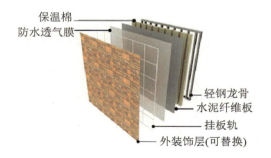

❖ 轻钢龙骨保温装饰一体板

（3）装配式钢结构与 BIM 技术的深度结合

随着建筑业全球化、城市化进程的发展以及可持续发展的要求，应用 BIM 技术对建筑全寿命周期进行全方位管理，是实现建筑业信息化跨越式发展的必然趋势。钢结构建筑的建设特点决定了它在建筑信息化中具有较其它结构更明显的优势，BIM 技术在施工图设计阶段及深化图设计阶段、工厂制造阶段、构件运输阶段以及现场安装阶段都可以发挥出巨大的作用。

2. 绿色装配式钢结构新体系

（1）全装配式钢框架建筑体系

全装配钢框架建筑体系以建筑构件为基本元件，工业化程度高，构件尺度小，适用于交通不便利和现场缺乏施工设备的地区，具有构件装配化、围护一体化、户型模数化、生产工厂化等特点。全装配钢框架梁、柱、墙面、楼板及屋面均使用螺栓连接，操作简单便捷，有效缩短施工工期；其构件尺度小，对于交通不便利的地区和现场缺乏施工设备的场地有良好的适应性；主体结构和围护墙板及水暖电管线等均为一体化设计，在工厂加工时将部分管线埋入整体墙面内，钢梁预先留管线孔，现场安装时无需因管线问题进行二次改造；户型均为模数化设计，可依照客户需要调节建筑尺寸，室内使用功能灵活多变，为客户提供更多的选择；采用 BIM 系统全数字化管理，主体结构和围护系统工厂化率达到 90%。

（2）盒子型模块化建筑体系

盒子型模块化建筑体系以建筑功能单元进行组合搭建，可实现快速模块化拼装，适用于使用品质要求较高的临时办公室、救灾中心等。该建筑体系将客厅、卧室、厨房等功能单元作为建筑元件进行功能组合搭建，实现较高的装配效率。盒子型模块化建筑以热轧型钢为基本构件，装配为标准模数单元，采用冷弯薄壁型钢—轻质砂浆复合保温墙体，配备标准一体化卫浴单元和楼梯单元，单元间采用全螺栓连接，可以实现快速的模块化拼装。该类型房屋可以用在使用品质要求较高的临时办公室、救灾中心等建筑。

2018年11月9日，随着西安建筑科技大学装配式钢结构研究院有限公司与西安建工绿建集团装配式钢结构高层公司战略合作协议的签署，标志着西安乃至陕西装配式建筑的发展进入快车道。

3. 喷涂式环保墙体——原竹龙骨组合结构

在全球节能减排的大背景下，西安建筑科技大学研究团队通过对陕西省城镇发展过程中住宅建设现状进行分析，结合绿色建造和工业化建造理念，创造了一种喷涂式环保墙体——原竹龙骨组合结构绿色住宅体系。该结构采用可再生的毛竹作为主要重构件，可预先在工厂对部分构件进行批量化加工制作，再运输到建筑施工现场进行组合和安装。

❖ 预制墙体构件

(1) 原竹结构节点连接做法

原竹龙骨组合结构是一种新型的绿色结构体系，它利用了原竹结构的材料易得、抗震性能好等优点，并结合了新型环保物料的防火、保温、隔声及包裹围护作用。

原竹龙骨组合结构骨架承重体系的主要技术要点有：墙骨架立柱间距不大于 450 毫米，檩条间距不大于 350 毫米；墙骨架立柱、屋架、立柱、檩条、楼板所用原竹直径由计算确定；承重墙的洞口过梁设计应由计算确定；屋盖可以采用轻型桁架或椽条；连接部位开孔处应进行加强；施工前应对原竹进行调直和防腐防虫处理；一段竹节内的开孔数量不宜超过 1 个，且开孔应进行人工加强；可用垫竹片的方法解决尖削度引起的高低不平问题；螺栓连接的节点处一律选用直径等于 10 毫米的丝杆，且须加弧形垫片。

(2) 喷涂式环保墙体

喷涂式环保墙体是以原竹作为基础结构。原竹直径为 100 毫米，壁厚为 10 毫米，原竹间距为 450 毫米，竹间间隙使用厚度为 100 毫米的 EPS 保温板填充，原竹及保温材料两侧布置斜向竹篾，竹篾间距为 300 毫米，且在两侧交叉布置，竹篾和原竹之间用自攻螺丝固定。骨架制作完成后在两侧悬挂钢丝网，然后在原竹骨架空隙及钢丝网外侧喷涂固保物料，厚度为 30 毫米，最后在固保物料外侧刷 10 毫米厚的固保抗裂砂浆。

生态宜居的新型城乡建设与实践

❖ 喷涂过程

三、启 示

改革开放以来，我国建筑业产业规模不断扩大，带动了大量的关联产业，成长为国民经济支柱产业之一。但目前，我国建筑业仍属劳动密集型产业，建造方式较为落后。随着能源紧缺、劳动力短缺等问题逐渐凸显，传统建筑业的生产方式已经不能适应时代发展需求，而装配式建筑最贴合建筑工业化与绿色化的内涵，因此发展装配式建筑是建筑行业转型的最佳选择。

为尽快将前沿的研究成果应用于实际工程，政府层面应加快建设钢结构建筑产业基地，在灾区重建和保障性住房工程中应给予钢结构建筑特殊的政策支持。要打破部门壁垒，多领域部门协同推进，完成绿色工业化装配式钢结构建筑产业化这一重任。

中国竹类资源丰富，竹种植面积和蓄积量均居世界首位。与当前常用的传统建筑材料（如砖、混凝土等）相比，竹材不仅生长周期短、能在生长过程中改善自然环境，而且加工过程中能耗低，废弃后可自然降解，堪称天然绿色建材。同时，竹材较木材具有强度高、塑性好等优良的结构性能，强重比高，变形能力好，能够吸收和耗散地震中的大量能量，是建筑行业的理想材料。合理发展竹结构符合国家"绿色化"发展需要，具有重要的理论意义与工程应用价值。

点评

装配式建筑本身便具有易于施工、工业化程度高且可以做到全生命周期住宅等优势，发展装配式建筑是我国建筑工业化发展的必然要求，更是对绿色发展理念的践行。好比汽车制造，并不是说一辆汽车有最好的发动机，它就是一辆好车，一辆好车必须是各种技术的最佳集成。装配式建筑是一个复杂的系统工程，如果设计、建造、装修等任何一个环节出现问题，都将导致装配式建筑无法发挥其应有的优势，并成为阻碍其发展的一大瓶颈。此外，还要保证与装配式建筑结合的建筑材料要绿色环保，让绿色建材与装配式建筑有机结合，让房子做到生态宜居。

思考题

1. 以西安市为例，现阶段在推行装配式建筑的过程中遇到的困难有哪些？
2. 装配式建筑的到来，会对传统的承包模式等造成什么样的影响？

新型城镇化城市运营管理发展与展望

　　随着中国经济进入新常态,新型城镇化成为我国经济发展最大的潜力与动力之所在。要实现以人为本的新型城镇化,需要与信息化深度融合,而智慧城市是信息化与城镇化的最佳契合点。而在当前新型城镇化加速的情况下,特色小镇的智慧化建设,也被认为是智慧城市建设的探索。新型智慧小镇是新型智慧城市理念的延伸和拓展,也是建设新型智慧城市的落脚点,为我国新型城镇化建设探索出一条新技术、新理念与区域经济发展、地方特色、文化旅游有机结合的新路径。

城市管理一体化
——杨凌推进建设特色智慧服务城市

改革开放以来,我国城镇化率从1978年的17.92%上升到2018年的59.58%,城镇人口从1.72亿攀升至8.3亿。2016年4月,联合国也估测"世界发达国家城市化率在2050年将达到86%,中国城市化率在2050年将达到72.9%"。城镇化的快速发展为城市带来活力和动力的同时,也出现了交通堵塞、空气污染、能源紧缺等一系列的"城市病",制约了城市发展。城市迫切需要借助现代科学技术手段,优化城市规划、建设和管理模式,提升城市的综合管理与服务能力。在这种情况下,以信息手段为支撑的智慧城市成为提升管理运营能力的突破口,也是城市健康发展的必然趋势。

杨凌以农业立城,以科技兴农,农业产业化和科技化水平在全国名列前茅,杨凌城市发展具有典型性。加之智慧杨凌建设试点起步早、政策保障足。立足于"大西安"都市圈的发展,在其小范围内的智慧城市试点建设取得了积极显著的成效。因此,分析杨凌智慧城市建设模式对于研究当前我国中小智慧城市建设并寻求科学的发展路径具有代表性意义。

| 生态宜居的新型城乡建设与实践

一、背 景

党的十八大报告指出，要"坚持新发展理念，要坚持走中国特色新型工业化、信息化、城镇化、农业现代化道路，促进工业化、信息化、城镇化、农业现代化同步发展"。建设智慧城市恰与"四化同步"的战略主题相契合。"智慧城市"的概念伴随着新一代信息技术的产生发展应运而生，涉及以互联网、物联网、云计算和大数据等新兴技术为核心和代表的信息技术的创新和应用。当前这些技术日臻成熟，有的已经实现产业化，应用到生产生活当中，给城市生活带来极大的便利和效益。但是从发展的角度来说，目前各项技术的兼容性、同步性和共享性仍显不足，导致技术价值没有得到最大限度的挖掘，技术外延仍有欠缺，通过将信息技术与先进治理理念整合，以最大限度地实现城市管理、服务与运营的多赢局面，这也是信息技术下一步发展的方向，而未来新一轮的技术变革有利于化解城市化进程中产生的公共服务水平低下、发展程度滞后的风险和危机，技术变革为智慧城市建设提供了技术保障。因此，智慧城市建设已成为各国城市发展的新选择。

建设和发展智慧城市，涉及核心技术研发、产业优化升级、创新智能发展以及人才引进和城市规划等重要方面，其健康、可持续发展离不开国家公共政策和产业政策的大力扶持。2013年陕西省印发的《"数字陕西·智慧城市"发展纲要》和《陕西省智慧城市体系架构和总体要求》，为陕西省各地智慧城市建设提供了总体规划和政策指引。

2013年，杨凌成为住房和城乡建设部公布的首批陕西省智慧城市建设试点之一，同年，杨凌等陕西省三市又被科学技术部选为智慧城市试点示范地区。2018年10月杨凌示范区印发了《杨凌示范区加快推进新型智慧城市建设工作方案》。一系列政策文件为杨凌区智慧城市建设提供了强有力的支持与保障。

智慧城市建设是杨凌示范区深入贯彻落实党的十九大提出的"四化同步"发展战略部署和十九大强调的新时代新发展理念的重要举措，作为城市创新发展的新理念，对转变杨凌示范区经济增长方式、提升城市品质、更好地保障和改善民生具有积极的促进作用。在大数据时代，"建设智慧杨凌，是顺应时代潮流、打造关天经济区次核心城市的必然要求"，有望为杨凌示范区发展带来新气象。

二、做　法

1. 信息基础设施进一步完善，智慧基础工程稳步推进

想要实现智慧城市服务生活的理想目标，首先要解决的就是信息化的问题，加快一批信息基础设施的建设就变得尤为重要，在这一方面，杨凌示范区提前几年布局信息基础设施建设稳扎稳打，形成支撑智慧城市建设的基础网络设施，可以说走在了陕西省的前列。

2013年，网络运营商累计投资5000万元用于杨凌示范区的网络基础设施建设。通过光网城市、无线城市的建设实施，移动通信技术在各领域的应用不断深入，加速普及"三网融合"业务。

电信、移动、联通等运营商加快推进杨凌示范区"光网城市"工程。截至2016年，杨凌示范区已实现城区光纤100%全覆盖，

| 生态宜居的新型城乡建设与实践

宽带到户 20M 以上速率超过 90%。其中免费无线网络涉及 21 个公共区域、33 条主要路段、11 个农业基地和 87 个行政村，杨凌示范区在全省率先实现了城乡免费无线网络覆盖。

2014 年，杨凌示范区实现城区 4G 无线网络全覆盖，成为陕西省首个 4G 全覆盖试点地区。2017 年年底，杨凌示范区铁塔光网城市建设项目进行备案申请，其主要建设内容为：西宝高铁杨凌段新建 4G 基站 23 个，共享改造 4 个；自贸区新建通信基站 4 个；旅游线河堤路渭河湿地公园新建通信基站 2 个，共享改造 4 个；旅游线小苇河旅游路新建通信基站 8 个，共享改造 4 个。项目总投资 880 万元，由企业自筹解决。

有了一系列信息化基础设施作为信息传递的保障，杨凌示范区开始筹建信息化综合服务平台，并充分发挥其在农业领域的优势，打造属于地区的特色服务体系。其中该平台融合了土地管理、农村三资管理、农业经济管理等多项业务，面向"三农"提供综合性服务。

杨凌示范区信息化综合服务平台建设项目总投资 4100 万元，其中项目一期投资 1898 万元，主要建设示范区基础网络、服务支撑平台、数据资源平台、业务展现受理与交付平台、信息安全服务平台以及运维监控市级节点等内容。面向示范区政府各部门及社会各领域提供政务管理、社会管理及其他公共服务的信息化综合应用服务系统。

2015 年，杨凌示范区和品高云开始合作建设政务云，目前已顺利投入运营。其中包括了城乡规划系统、运营管理平台、安全生产业务系统等在内的近 80 个系统和应用，主要服务于示范区行政部门、直属机构、辖内企业等，"旨在提升各部门之间的信息共享和业务协作，提高数据开放共享水平，以信息化技术为政府决策和管理提供依据,提供的网上公共服务,为智慧城市和服务型政府建设提供支撑保障"。

现代农业信息资源和服务平台、现代农业示范园区信息化建设工程、西部旱区农业农村信息化应用示范工程等都在逐步建设过程中。

2. 数据开放联动,百姓参与受益

1)智慧应用领域不断丰富。在杨凌示范区智慧应用方面,建成了智慧安监、智慧教育、智慧医疗、城市一卡通等一批重点项目,民生领域的应用服务日益推进。

智慧教育项目建设,实现了全区所有中小学的宽带覆盖,60%以上的班级均配备有电脑、电子白板、触控一体机等设备,为全区中小学校"互联网+高效课堂"教学模式的普遍推行提供基础保障。示范区的农村中心小学以上学校全部实现了20M光纤接入,全面建成了数字网和校园网。2017年1月,示范区与台湾有关方面成立了智慧教育研究会,举办海峡两岸智慧教育交流研讨会,共同推进智慧教育和应用推广。

杨凌示范区的城市一卡通运营服务体系已建成,其中包含居民健康卡、公交卡、公共自行车、农高会、金融等应用,成为目前陕西搭载服务种类最全、服务面最广的社会公共服务卡,真正实现了信息便民、信息利民和惠民,共享智慧成果。

爱杨凌APP也是智慧民生的重要应用之一,它是集杨陵示范区信息公开、文化教育、道路交通、养老社保、社会救助等于一体的手机查询系统。手机用户需要先注册,登陆后即可实时地享受个性化服务,如查询交通信息、交纳水电费用、享受卫生医疗服务、享受网上服务咨询等。

2）智慧服务助推经济升级。杨凌示范区积极完善集生产、加工、销售于一体的现代农业信息服务体系，鼓励和引领农业龙头企业、农民专业合作社等涉农组织和企业开展网上交易。

2016年，杨凌示范区携手神州数码成立了杨凌农业云服务有限公司，旨在打造中国最大的农业大数据服务平台，以实现农业示范推广、电商服务、农产品安全认证、农村土地等多项信息共享功能，为全国现代农业建设提供信息、科技、商品流通、农产品质量安全等服务。

杨凌智慧农业品牌和影响力不断扩大。杨凌示范区不断加深与国内外主要农业经济区在科技和产业融合上的合作，逐步形成了农业科技推广体系，与283个国家农业科技园区和39所高校均建立了"协同创新联盟"，有力地推动杨凌示范区现代农业向中亚国家辐射，缩小与农业发达国家的距离，不断开拓现代农业国际合作新局面。杨凌农科等一批农业科技品牌在全国的影响力持续扩大，目前已在18个省区50个国家扶贫开发工作重点县建设示范推广基地229个，科技和实用技术培训超过12万人次，推广实用技术和新品种数量突破1000项，年示范推广总面积5520万亩，示范推广效益150亿元，仅"杨凌农科"区域品牌价值就高达661.9亿元。政府利用信息化服务平台打造特色产业体系，不仅增加了财政收入，更使当地百姓的收入得到了实实在在的提高，生活品质也不断地得到提升。

3）智慧治理更加便民高效。在智慧治理方面，杨凌示范区"建设网上服务平台，通过政务部门、公共企事业单位便民服务等资源的整合，为市民提供方便快捷的'一站式办事'窗口，助力推行集中受理、分工负责、分类办理、集中交付的'一站式'工作模式"；依托政务公共平台和运营商的网络资源，构建起横向覆盖各级部门，纵向通达省、市、街道（乡镇）、村的互联网安全接口，为各级政务部门提供网络支撑；建设横向联通安委会成员单位，纵向连接省安监局、乡镇街道安监站和辖区企业的安全生产管理平台，实现在线信息共享、动态管理、动态监控、应急指挥，完善了灾害监测和预警体系、突发公共事件应急保障体系。

三、启　示

杨凌示范区作为主打特色农业产业的地区，在智慧城市建设初期突出重点，发展迅速。在实际的运行过程中，人们的生活服务效率得到了极大的改善，信息流通处理更加便捷高效，与此同时，也出现了一些其他问题亟待解决，这些成功的经验和总结可以为今后本地和其他地区建设智慧城市统筹规划管理、数据开放与信息服务和网络空间综合治理等方面提供参考价值。

1）政府引导，合作管理。在智慧杨凌建设中，不能光靠政府、企业或者某一利益方来推动，需要充分调动产学研用多方利益主体的共同参与。因此，要发挥企业、社会组织、市民、农民等在城市管理服务中的自治作用，将政府"大包大揽"的传统模式逐步向以"政府为主导、各类社会主体协作共治"的方向转变，最终实现杨凌示范区管委会、企业、市民、农民的共同合作治理。

2）信息整合，多方共享。在现有综合信息平台建设基础上，整合杨凌示范区多种信息资源，在遵循便利性（方便日常管理）、均衡性（建设任务均衡）和差异性（地域差异和服务对象差异）原则下划分杨凌示范区智慧城市治理网格，落实直接责任人，实现多网络融合和多部门共享，努力实现公共服务的效益最大化。

3）数据分析，辅助决策。数据是智慧城市的砖石，加强对杨

生态宜居的新型城乡建设与实践

凌示范区城市治理过程中发生的事件、数据进行深入分析,逐步建立和完善精细化、科学化的杨凌示范区城市治理体系,为政府、企业和市民的决策提供支持,对杨凌示范区发展的趋势有可预见性,促进杨凌示范区智慧治理和公共服务水平的有效提升。

4)城乡统筹,均衡发展。《关中—天水经济区发展规划》提出了区域内统筹城乡发展的总体思路。杨凌示范区要以现代农业示范园区建设和智慧城市建设为抓手,大力推进杨凌示范区的城市化、工业化和农村现代化,提升城市支持农村、工业反哺农业的实力,充分发挥农业特色对产业和城市发展的推动作用,使城乡统筹协调发展,城乡差距逐步缩小,实现杨凌示范区的可持续均衡发展。

点 评

"2019年智慧城市联盟将继续推进中国智慧城市建设相关工作:一是围绕'一带一路'建设、长江经济带发展和乡村振兴,加强智慧城市群、智慧社区、数字乡村建设;二是坚持办好第五届中国智慧城市国际博览会和第六届中国智慧城市创新大会两大品牌活动;三是配合国家发改委高技术司,积极推动中国与东盟、英国等智慧城市领域国际交流与合作项目落地。"

——国家发改委城市和小城镇改革发展中心副主任沈迟

思考题

1. 如何充分调动企业、民众的积极性,使其参与到智慧城市的建设中来，更好地发挥政府部门管理型的作用？

2. 对于城乡基础设施的差距，如何合理分配资源使得城乡居民最大程度地享受到智慧城市所带来的便捷生活？

生态宜居的新型城乡建设与实践

打造新时代的未来之城
——筑梦雄安，智慧社会的样本和标杆

党的十八大以来，习近平同志曾多次深入北京市、天津市、河北省考察调研，主持召开中央政治局常委会会议、中央政治局会议，研究决定和部署实施京津冀协同发展战略。习近平总书记明确指示，要重点打造北京市非首都功能疏解集中承载地，在河北省适合地段规划建设一座以新发展理念引领的现代新型城区。2017年2月23日，习近平总书记专程到河北省安新县进行实地考察，主持召开河北雄安新区规划建设工作座谈会。习近平总书记在会上强调，规划建设雄安新区，要在党中央领导下，坚持稳中求进工作总基调，牢固树立和贯彻落实新发展理念，适应把握引领经济发展新常态，以推进供给侧结构性改革为主线，坚持世界眼光、国际标准、中国特色、高点定位，坚持生态优先、绿色发展，坚持以人民为中心、注重保障和改善民生，坚持保护弘扬中华优秀传统文化、延续历史文脉，建设绿色生态宜居新城区、创新驱动发展引领区、协调发展示范区、开放发展先行区，努力打造贯彻落实新发展理念的创新发展示范区。

习近平总书记指出，规划建设雄安新区要突出七个方面的重点任务：一是建设绿色智慧新城，建成国际一流、绿色、现代、智慧城市。二是打造优美生态环境，构建蓝绿交织、清新明亮、水城共融的生态城市。三是发展高端高新产业，积极吸纳和集聚创新要素资源，培育新动能。四是提供优质公共服务，建设优质公共设施，创建城市管理新样板。五是构建快捷高效交通网，打造绿色交通体系。六是推进体制机制改革，发挥市场在资源配置中的决定性作用和更好发挥政府作用，激发市场活力。七是扩大全方位对外开放，打造扩大开放新高地和对外合作新平台。

一、背　景

2017年4月1日，中共中央、国务院印发通知，决定设立河北雄安新区。这是以习近平同志为核心的党中央做出的一项重大的历史性战略选择，是继深圳经济特区和上海浦东新区之后又一具有全国意义的新区，是千年大计、国家大事。

雄安新区规划范围涉及河北省雄县、容城、安新3县及周边部分区域，地处北京市、天津市、保定市腹地，区位优势明显、交通便捷通畅、生态环境优良、资源环境承载能力较强，现有开发程度较低，发展空间充裕，具备高起点高标准开发建设的基本条件。雄安新区规划建设以特定区域为起步区先行开发，起步区面积约100平方公里，中期发展区面积约200平方公里，远期控制区面积约2000平方公里。设立雄安新区，是以习近平同志为核心的党中央深入推进京津冀协同发展作出的一项重大决策部署，对于集中疏解北京非首都功能，探索人口经济密集地区优化开发新模式，调整优化京津冀城市布局和空间结构，培育创新驱动发展新引擎，具有重大现实意义和深远历史意义。

2018年4月，中共中央、国务院批复了《河北雄安新区规划纲要》（简称《纲要》），强调雄安新区"创建数字智能之城，要坚持数字城市与现实城市同步规划、同步建设，适度超前布局智

生态宜居的新型城乡建设与实践

能基础设施，建设宽带、融合、安全、泛在的通信网络和智能多源感知体系，打造智能城市信息管理中枢。全方位、全流程保障智能基础设施、智能中枢和应用安全，构建城市网络安全保障体系。建立城市智能运行模式和智能治理体系，健全城市智能民生服务系统，打造具有深度学习能力、全球领先的数字智能城市"。在"智能、绿色、创新"的要求指引下，《纲要》对雄安新区的建设提出了极高的要求。雄安新区已经成为"新时代推动高质量发展的全国样板，培育现代化经济体系新引擎"，也是数字中国战略的重要载体。智慧城市作为未来城市的重要特征，在全文中得到了高度重视和全面体现。

❖ 雄安新区规划图

雄安新区自设立以来，智慧基因的植入已随处可见，从智慧路灯、智慧井盖、智慧泊车，到接入雄安森林大数据系统的"千年秀林"，再到雄安市民服务中心里的多项"黑科技"，一个个数字科技成果相继在雄安落地。

二、做 法

1. 建设绿色智慧新城,助力雄安绿色发展

《河北雄安新区规划纲要》明确定位雄安新区为绿色生态宜居新城区,其中同步建设数字城市、开展环境综合治理等内容受到各方关注,为此北京龙商公社推出新的城市智能垃圾处理综合解决方案,由中交雄安投资有限公司监制的智慧垃圾收集器样机也在新区应运而出。

❖ 智慧垃圾收集器

数十台智慧垃圾收集器样机放置在雄安新区市民服务中心停车场。不同于通常的分类垃圾箱,采用了 LED 屏和二维码以及区块链技术应用的箱体"数字科技范"十足。市民可通过下载 APP,在通过扫码后进行垃圾分类倾倒,该垃圾箱内置系统可以根据垃圾种类和重量，给予垃圾投递者积分奖励，所有积分则可以通过未来遍布新区的服务体系用来兑换生活用品等。通过后台数据处理，实时将垃圾位置和承载量发送给垃圾运输公司，提高垃圾从公民到处理机构的效率。

2. 提供优质公共服务，创建城市管理新样板

雄安新区市民服务中心于 2018 年 6 月初开始全面投入使用。该服务中心占地面积 24.24 万平方米，总建筑面积 9.96 万平方米，由公共服务区、行政服务区、生活服务区、入驻企业办公区四大区域建筑群组成；承担着新区公共服务、规划展示、临时办公、生态公园等多项便民服务功能。

❖ 雄安新区市民服务中心鸟瞰图

雄安新区市民服务中心不仅配备了低碳环保的充电桩和智慧骑行系统，还有无人超市、智慧邮局等共享商业服务设施，每一个细节都体现着绿色健康、智慧共享的生活模式。在雄安市民服务中心生活服务区里的无人超市可以"刷脸"进店及支付。无人超市的每件商品都有一个独一无二的"电子身份证",通过电子身份识别芯片,顾客只需要拿着商品通过智慧化结算通道,便可以自动完成商品结算过程。

市民服务中心的 Officezip 联合办公区通过"共享办公模式"为企业提供优化、智能的人性化服务。企业不仅能够共享65个独立办公室、484个办公工位和5个会议室,而且还能实现会议无线投屏、一键预定会议室等服务,办公室里的设备还可以通过手机进行操控。在办公休息区,配置有外形酷似太空舱的休息舱,休息舱内有遥控器,按下开关,有氧气输送到这个封闭的空间里来,开启氧吧模式短暂休息。

❖ 雄安新区无人超市

生态宜居的新型城乡建设与实践

❖ Officezip 联合办公区

2018年7月27日,无人配送机器人亮相雄安新区。机器人装有激光雷达、超声波雷达和GPS定位,这相当于机器人的眼睛,通过它可以实时感知周围的环境,通过自主的决策算法,来规划出自主行驶的路径。该机器人在行驶过程中遇到行人、宠物、车辆等障碍物,能够避障行驶;在十字路口能够识别红绿灯,到达地点后,能够通过手机短信等方式通知用户收货,智能货箱系统支持验证码、人脸识别和一键链接取货等多种人机交互模式。

❖ 雄安新区无人配送机器人

3. 发展高端高新产业，积极吸纳创新要素资源

雄安承载的使命之一是打造推动高质量发展的全国样板，探索可借鉴可复制经验，高端高新将是新区产业的最显著特点。

2017年11月，阿里巴巴集团与雄安新区签署战略合作协议，双方将携手打造以云计算为基础设施、物联网为城市神经网络、城市大脑为人工智能中枢的未来智能城市。当月，深圳市腾讯计算机系统有限公司也与雄安新区签署金融科技战略合作协议，双方成立腾讯（雄安）金融科技实验室，在数字金融、智慧城市等方面深化合作。金融科技实验室在新区落地后，将在新区先行先试大数据风控体系、基于腾讯云的区块链服务等，在服务雄安新区规划建设、保障改善民生等方面作出贡献。另外，深圳市腾讯计算机系统有限公司还成立了"腾讯雄安未来城市实验室"，旨在雄安新区建设发展的大背景下，建立综合性研究平台，联合国内外优秀单位，在城市研究和数字实践领域强化研究创新。

雄安新区搭建国家新一代人工智能开放创新平台，重点实现无人系统智能技术的突破，建设开放式智能网联车示范区，支撑无人系统应用和产业发展。2017年12月20日，7台百度Apollo自动驾驶车辆，在雄安新区进行了载人路测。当日，雄安新区与百度公司签署战略合作协议，双方将在智能出行、云基础设施等多个领域展开深度合作，共同将新区打造为智能城市新标杆。百度公司将充分发挥其在人工智能、大数据、无人车、云计算等多领域的技术与应用优势，以自动驾驶、对话式人工智能为重点，推动智能产业与服务在新区的试点示范。

生态宜居的新型城乡建设与实践

❖ 雄安新区无人驾驶车辆

2018年3月底，中国移动通信集团有限公司完成雄安新区首次5G-V2X自动远程驾驶启动及行驶测试，实现了通过5G网络远程控制20公里以外的车辆完成启动、加速、减速、转向等操作，网络时延保持在6毫秒以内，仅为4G的十分之一。中国移动通信集团有限公司还围绕打造智能新区发力，在服务数字雄安、智慧雄安的进程中创新新技术发展业态，相继完成了5G试点、千兆光宽带及NB-IoT物联网业务上线。中国联通网络通信集团有限公司也于4月26日宣布，将在雄安新区、北京市等16座城市开展5G规模试点。

雄安新区设立以来，五大高端高新产业开始在规划蓝图上一一落子、有序分布。目前雄安新区已核准100多家高端高新企业工商注册登记，一大批战略性新兴产业项目进入储备中。

4. 构建快捷高效交通网，打造绿色交通体系

2019年7月10日零时起，全国铁路实施新的列车运行图。2019年7月10日10时58分，随着天津首列直达香港西九龙的G305次复兴号列车从天津西站出发，京津冀三地实现进港高铁列车的全覆盖。2019年7月10日11时44分，路经白洋淀站的G305次复兴号列车开往香港，雄安新区与香港实现高铁直通。在G305次复兴号列车这趟列车的售票、服务等环节，车站工作人员进行了相关的培训考试，经考试合格后上岗。另外，为了给香港特别行政区及国外旅客提供更好的服务，车站增加了粤语版、英语版、普通话版的三款智能机器人，它们可以帮助旅客解答各类问题，给旅客带来更好的旅游体验。

为了给旅客提供更加便捷舒适的服务，该列车的天津客运段推出智能化一站式向导服务，旅客可通过扫描二维码获取跨境乘车须知、电子服务指南，将沿途风景、美食、城市交通线路等相关信息一握在手。此外，车上还设立了移动儿童乐园，配备装有电源转换器、充电线、针线包、老花镜、鞋油等物品的便民服务箱。

从2015年直达天津西、唐山、秦皇岛、石家庄，到2016年可直达郑州、昆明、太原、沈阳、哈尔滨、长春、武汉、大连、济南、西安，再到2017年直达北京、广州，2019年直达成都、重庆。天津西至香港西九龙经停雄安新区白洋淀站的复兴号列车的开行，使雄安新区与香港实现高铁直通。

5. 建设数字城市，打造智慧运营管理平台

2018年12月27日，历经一个月的艰苦奋战，北京天润新能投资有限公司承建的雄安新区"全息展示与智慧运营管理平台"V1.0在雄安市民服务中心正式进入上线测试联调阶段。

| 生态宜居的新型城乡建设与实践

❖ 雄安新区智慧运营平台

北京天润新能投资有限公司开发的雄安新区智慧运营平台打通了园区21家公司的IOT通讯接口，建立了统一的大数据中台，为园区的智慧运营提供了高效、可靠的数据服务。本期工程系统将雄安市民服务中心所有BIM模型在数字空间中进行了整体重建，并实现了园区的人、车、物流、能源、安防、消防、门禁、访客等一系列可视化分析与数字城市模型的无缝融合与展示。该平台的一大亮点是结合数字城市建设，运用互联网、物联网融合技术。北京天润新能投资有限公司将积累多年的能源互联网技术与智慧园区数字化运营平台管理经验进行了充分整合，奠定了坚实的基础以推进能源管理智慧化、能源服务精细化、能源利用高效化，打造雄安新区智能能源系统，进一步提高能源安全保障水平。

三、启　示

无改革创新，无雄安价值。智慧雄安，是雄安新区建设的出发点之一。雄安新区的使命是：要为中国新时代的城镇化发展走出一条全新的道路，打造一个美丽、宜居、现代的智慧社会样板和标杆。但客观上雄安新区的发展基础相对薄弱，也给智慧雄安建设带来了诸多现实挑战。智慧雄安建设，应在借鉴国内外智慧城市建设经验和教训的基础上，做好抓重点、补短板、强弱项的工作，在四个方面谋划发力。

1）注重改革创新。智慧雄安本质上是一项改革创新的系统工程，是利用现代信息技术对雄安新区的管理体制、治理模式、公共服务、产业布局进行重塑和再造，广泛涉及技术创新、理念创新、管理体制创新、运营模式创新、资本运作创新等方面，迫切需要大胆开拓、革故鼎新，以全面改革创新引领和驱动智慧雄安建设。比如，"BAT"、光启集团、信息产业电子第十一设计研究院科技工程股份有限公司等一批高新技术企业都已入驻雄安。

2）追求发展实效。智慧雄安建设根本上是要以服务于人的城镇化为核心的新型城镇化进程，要以为民、便民、利民、惠民为根本出发点，围绕人民群众最关心、最直接、最现实的民生问题，始终把百姓需求和幸福感受放在首位，提高广大群众对智慧雄安建设的现实获得感和满意度。

3）坚持长效运营。智慧城市的根本不是在于"建设"，而是在于"运营"。要鼓励建设和运营模式创新，注重激发市场活力，鼓励社会资本参与建设投资和运营，建立可持续发展的动力机制，发挥好政府的规划引导作用，杜绝政府大包大揽和不必要的行政干预。

4）保证信息安全。智慧城市的核心价值是实现信息资源的高度集中和共享，而信息资源越集中，信息安全风险也越集中，信息安全保障也越重要。智慧雄安建设要坚持可管可控、确保安全，切实强化网络信息安全管理和能力建设，实现全过程网络安全管理。重要系统与网络安全设施要同步设计、同步建设、同步管理，

| 生态宜居的新型城乡建设与实践

提升智慧城市的信息安全保障水平,构建安全可信的智慧社会新时空。

点　评

　　智慧城市,不能把它作为抽象、静态和一成不变的概念来理解。实际上,智慧城市具有动态的、不断演化的特质。更准确地讲,应当用"智慧城市化"来描述智慧城市更为恰当。因为智慧城市是由诸多构成智慧城市的系统和要素组成的,比如说智慧交通、智慧市政、智慧金融、智慧医疗、智慧教育、智慧物流、智慧政务等。这些系统和要素在高科技迅猛发展的大背景下,还在不断有新的生成、发展和完善,智慧城市正处在不断升级和换版的特殊时期。

——中国工程院院士、中国建筑学会常务理事孟建民

思考题

　　1. 以西安市城市建设为例,对比雄安新区存在哪些优势与不足?

　　2. 城市运营管理机制的建设是一项系统性的工程,这对各级政府工作人员的自身素质提出了哪些新的要求?

参考文献

[1] 万家佩, 涂人猛. 试论区域发展的空间结构理论 [J]. 江汉论坛, 1992 (11): 19-24.

[2] 毕玲玲. 文化遗产保护: 从单一话语走向多元文化 [J]. 产业创新研究, 2019 (12): 51-53.

[3] 薛华菊, 方成江, 马耀峰. 产业融合视角下陕西旅游遗产文化业发展模式研究 [J]. 国土与自然资源研究, 2014 (06): 52-54.

[4] 李潇, 周恩毅, 王蒙. 基于袁家村小镇简析陕西旅游小镇发展模式 [J]. 旅游纵览 (下半月), 2019 (01): 163-164.

[5] 赵庆霞. 旅游景区传承与创新研究: 以陕西袁家村为例 [J]. 河北企业, 2018 (09): 85-86.

[6] 黄家平, 肖大威. 历史文化村镇保护的公共政策初探 [J]. 南方建筑, 2015 (04): 63-66.

[7] 戴振. 基于文化消费的袁家村旅游商业空间生长模式研究 [D]. 西安: 西安建筑科技大学, 2017.

[8] 王迪. 旅游产业导向下的乡村空间艺术研究 [D]. 西安: 西安建筑科技大学, 2015.

[9] 傅钰. 陕西省袁家村乡村旅游发展的调查研究 [J]. 经济师, 2018 (08): 236-237, 239.

[10] 陈圣强. 发展壮大集体经济的尝试 [N]. 陕西日报,

2018-03-05(016).

[11] 徐虹,李瑾,李永森,等.双创环境下京津冀休闲农业与乡村旅游可持续发展研究[M].北京:中国旅游出版社,2018:45.

[12] 干永福,刘锋.乡村旅游概论[M].北京:中国旅游出版社,2017:86-105.

[13] 张鸽娟.陕南新农村建设的文化传承研究[D].西安:西安建筑科技大学,2011.

[14] 侯瑞琪.非物质文化遗产保护视野下的新农村建设[D].西安:西安建筑科技大学,2014.

[15] 高璟,胡峥,赵之枫.传统村落就地旅游城镇化的可持续路径:以陕西袁家村为例[J].自然与文化遗产研究,2019,4(12):26-32.

[16] 尹莹.农业观光旅游村景观规划设计研究[D].西安:西安建筑科技大学,2014.

[17] 关晶,王明星,胡婷.农耕文化遗产的重构与价值重估:陕西乡村文化旅游中的"袁家村模式"探析[J].广东农工商职业技术学院学报,2019,35(04):1-6,10.

[18] 丁培卫.近30年中国乡村旅游产业发展现状与路径选择[J].东岳论丛,2011,32(7):114-118.

[19] 耿暖暖,李琰君.袁家村旅游休闲村落规划设计与开发经验探究[J].大众文艺,2012(02):296-298.

[20] 和红星,吴淼.自我造血 规划助力:乡村规划在袁家村应用的启示与思考[J].城乡规划,2017(01):73-78.

[21] 全峰梅,王绍森.转型·矛盾·思考:谈我国城乡文化遗产保护观念的变迁[J].规划师,2019,35(4):89-93.

[22] 张巧宁. 青木川古镇旅游景观特色及提升 [J]. 农村经济与科技, 2016, 27 (05): 73-74.

[23] 田海宁. 浅谈青木川古镇旅游资源开发 [J]. 科技信息, 2009, 18: 573.

[24] 任志艳. 青木川古镇旅游 SWOT 分析及开发策略 [J]. 商, 2012 (08): 144.

[25] 魏博, 王英帆, 崔羽. 灾后重建背景下古镇保护与开发的新型模式探讨: 以青木川镇为例 [J]. 西北大学学报 (自然科学版), 2014, 44 (3): 499-504.

[26] 刘佳源, 韩欣楠, 鲍贝. 青木川地域文化与旅游开发的思考 [J]. 区域治理, 2019, (49): 91-93.

[27] 崔羽, 王英帆, 崔栋. 文旅型小城镇可持续规划体系构建的探索与实践: 以陕西省青木川镇为例 [J]. 小城镇建设, 2019, 37 (9): 97-103.

[28] 张钧. 科学规划 保护传承 精心打造青木川特色文化旅游名镇 [J]. 小城镇建设, 2014 (06): 69-72.

[29] 世外桃源传奇故事: 青木川 [J]. 西部大开发, 2016, (12): 91.

[30] 张建勇, 宋书巧, 王晓丽. 广西乡村旅游发展的 SWOT 分析 [J]. 资源开发与市场, 2007, 23 (11): 1038-1040.

[31] 黄洁, 张伟峰, 张咪. 青木川古镇旅游利益相关者利益均衡机制研究 [J]. 北方经贸, 2016 (06): 164-166.

[32] 李文阳. 青木川古镇历史街区保护与修复设计方法研究 [D]. 西安: 长安大学, 2019.

[33] 吴彼爱, 陈谷佳. 历史城镇的控制与开发: 以广西北海市南康历史文化名镇为例 [J]. 规划师, 2015, 31 (05): 126

-131.

[34] 全峰梅,王绍森.转型·矛盾·思考:谈我国城乡文化遗产保护观念的变迁[J].规划师,2019,35(04):89-93.

[35] 金磊.古建筑文化遗产保护呼唤防灾减灾[J].规划师,2007(05):86-87.

[36] 崔羽,王英帆,崔栋.文旅型小城镇可持续规划体系构建的探索与实践:以陕西省青木川镇为例[J].小城镇建设,2019,37(09):97-103.

[37] 陈亚军.咸阳城市交通可持续发展综合评价[D].兰州:兰州交通大学,2015.

[38] 吕松哲.咸阳市交通拥堵及对策研究[D].西安:长安大学,2015.

[39] 马文斌.新时代西安地铁建设管理组织结构变革探析[D].西安:长安大学,2019.

[40] 刘兢.政府主导下西安地铁融资模式研究[D].西安:长安大学,2015.

[41] 张政.西安地铁PPP建设模式研究:以9号线项目为例[D].西安:长安大学,2018.

[42] 耿国彪,贾建新."绿色中国行"走进红色马栏绿色旬邑[J].绿色中国,2018(13):12-21.

[43] 秦诗言.张明军"关中最美县"林业人的风采[J].绿色中国,2018(15):38-40.

[44] 胡三.传承红色基因 聚力绿色发展:聚焦生态文明发展中的"旬邑经验"[J].绿色中国,2018(13):36-39.

[45] 旬邑:贫困县的脱贫之"路"[J].中国经济周刊,2006(Z1):51.

［46］康沛竹，段蕾. 论习近平的绿色发展观［J］. 新疆师范大学学报（哲学社会科学版），2016，37（04）：18-23.

［47］胡三. 传承红色基因 聚力绿色发展：聚焦生态文明发展中的"旬邑经验"［J］. 绿色中国，2018（13）：36-39.

［48］朝源，赵永刚. 旬邑，渭北旱塬上的璀璨明珠：旬邑县经济社会发展纪实［J］. 西部大开发，2009（05）：58-61.

［49］耿翔，陈艳，贺小巍. 穷县环保为何跑赢了富县？：旬邑县抓环保促发展调查［J］. 环境保护，2010（24）：58-60.

［50］耿国彪，胡利娟. "旬邑经验"让黄土高坡绿又美［J］. 中国科技财富，2018，（7）：83-84.

［51］徐鼎黄. 半干湿地区河道型浐灞国家湿地公园景观规划研究［D］. 西安：西安建筑科技大学，2011.

［52］石磊. 城市湿地公园景观展示系统设计研究［D］. 西安：西安建筑科技大学，2011.

［53］李春华，张霖. 基于湿地公园建设中的园林规划设计：以西安浐灞国家湿地公园为例［J］. 现代园艺，2014（5）：92.

［54］刘秀萍. 基于生态理论的西安浐灞湿地公园规划设计研究［D］. 咸阳：西北农林科技大学，2013

［55］田静. 城市湿地公园的水景营造研究：以西安浐灞国家湿地公园为例［D］. 西安：西安建筑科技大学，2015.

［56］牛青翠. 西安城市湿地恢复建设·管理与可持续利用探讨：以浐灞生态区为例［J］. 安徽农业科技，2016，44（07），138-139，160.

［57］张颖. 西安浐灞城市湿地功能分析［D］. 西安：西安建筑科技大学，2017.

［58］中国日报网，中国信息化研究与促进网. 2018-2019中

国新型智慧城市建设与发展综合影响力评估结果通报［R/OL］.

［59］陈桂龙. 西安：打造古城"新智慧"［J］. 中国建设信息化，2018（23）.

［60］何遥. 智慧西安：向智能3.0升级［J］. 中国公共安全，2019（08）.

［61］梁东. 西咸新区海绵城市规划建设实施研究［D］. 西安：西安建筑科技大学，2016.

［62］李明明. 基于海绵城市的城市绿地系统规划设计研究：以西安市为例［D］. 西安：西安建筑科技大学，2017.

［63］林苈. 海绵城市理念下的下沉式绿地研究与绿化：以西咸新区沣西新城为例［D］. 西安：长安大学，2017.

［64］李江波. 海绵城市建设的实践与策略研究：以西安市西咸新区为例［D］. 西安：西安建筑科技大学，2017.

［65］赵珂. 西咸新区城市绿地"海绵城市"建设的思考［J］. 居舍，2018（11）：170.

［66］伍雯璨，李榜晏，马越. 沣西新城海绵城市规划建设浅析［J］. 华中建筑，2018，36（03）：88－91.

［67］马江萍. 西安沣西新城海绵城市的研究分析［J］. 居舍，2019（02）：177，188.

［68］常燕. 解剖神华"富平模式"［J］. 能源，2017（11）：36－38.

［69］陈思言. 陕西神华富平热电新建工程数字工程应用［J］. 电力勘测设计，2019（07）：5－9.

［70］高勇，陈雪. 奋力奏响十五冶品牌之歌：中国十五冶七公司富平电厂项目部工程建设纪实［J］. 中国有色金属，2018（13）：58－59.

[71] 史小诗. 历史名城保护下西安护城河的发展研究 [D]. 西安：西安建筑科技大学, 2013.

[72] 刘玉玲, 高升, 白凯. 西安护城河水质分析与生态修复方案 [J]. 水资源与水工程学报, 2011：64-65.

[73] 武萌. 西安护城河景观水体自循环利用的研究 [D]. 西安：西安理工大学, 2008.

[74] 唐登红. 西安明城护城河及其环境的保护与利用 [D]. 西安：西安建筑科技大学, 2003.

[75] 玉洁, 斯蒂芬·修斯. 历史与记忆的留存：国际工业遗产保护协会秘书长斯蒂芬·修斯访谈 [J]. 公共艺术, 2018 (04)：57-60.

[76] 刘伯英. 工业遗产的保护措施与艺术利用之途 [J]. 美术观察, 2018 (05)：22-23.

[77] 张辞凡, 郝妍璐. 王石凹煤矿工业遗产的价值及其保护与再利用 [J]. 城市建筑, 2019, 16 (23)：59-60.

[78] 王铁铭, 黄文华. 陕西钢厂工业遗产改造利用的具体措施研究 [J]. 华中建筑, 2014, 32 (09)：55-58.

[79] 靳亦冰, 王嘉萌, 贾梦婷, 等. 古城工业遗产活化更新模式探析：西安老钢厂设计创意产业园总经理全建彪访谈 [J]. 新建筑, 2016 (03)：35-41.

[80] 毛志兵. 建筑工程新型建造方式 [M]. 北京：中国建筑工业出版社, 2018.

[81] 肖绪文. 绿色建造发展现状及发展战略 [J]. 施工技术, 2018, 47 (6)：1-4, 40.

[82] 刘加平, 何泉, 杨柳, 等. 黄土高原新型窑居建筑 [J]. 建筑与文化, 2007 (6)：39-41.

［83］韦娜，刘加平，高源. 陕南山地乡村生态民居设计实践［J］. 四川建筑科学研究，2012，38（03）：255-259.

［84］绳珍. 浅谈西安小寨海绵城市建设［C］//中国环境科学学会. 2019 中国环境科学学会科学技术年会论文集（第 2 卷）. 中国环境科学学会，2019：150-152.

［85］郝际平，孙晓岭，薛强，等. 绿色装配式钢结构建筑体系研究与应用［J］. 工程力学，2017，34（1）：1-13.

［86］田黎敏，靳贝贝，郝际平. 现代竹结构的研究与工程应用［J］. 工程力学，2019，36（05）：1-18，27.

［87］赵西平，刘鸣飞，夏奇龙，等. 原竹龙骨组合结构住宅被动式太阳能利用技术优化研究［J］. 四川建筑科学研究，2019，45（02）：104-109.

［88］许作仲. 智慧城市建设中的政府管理机制创新研究［D］. 上海：华东政法大学，2019.

［89］朱文晶. 杭州智慧经济与智慧城市建设融合发展探析［J］. 杭州研究，2015（01）.

［90］郭理桥. 中国智慧城市标准体系研究［M］. 北京：中国建筑工业出版社，2013.

［91］陈桂龙. 杭州经济技术开发区：打造特色智慧城市综合管理平台［J］. 中国建设信息化，2017（04）.

［92］贾晓荣. 杨凌智慧城市建设模式及优化路径研究［D］. 西安建筑科技大学，2018.

［93］冯长春，魏陶然. 智慧城市建设模式与发展趋势探析［J］. 现代管理科学，2016.10.

［94］王治东，张琳. 技术·空间·资本·人：智慧城市的核心要素探究［J］. 自然辩证法通讯，2016（03）.

全省干部专业化能力培训教材编审委员会

主　任　郭文超　省干教办副主任、省委组织部一级巡视员
成　员　马　亮　省委组织部干部教育处处长
　　　　　王　雄　西北农林科技大学继续教育学院院长
　　　　　刘晓军　省发改委二级巡视员
　　　　　孙　早　西安交通大学经济与金融学院院长、教授
　　　　　曹胜高　陕西师范大学文学院教授
　　　　　顾建光　上海交通大学国际与公共事务学院教授
　　　　　张茂泽　西北大学中国思想文化研究所教授

《生态宜居的新型城乡建设与实践》

主　　编　张成中
副主编　　黄　莺　李　锐
成　　员　梅　源　孙小刚　田　卫　钱文珺　耿　娟
　　　　　林宇凡　马　兰　李　婷　李　微　李嘉晨
　　　　　宋　睿　赵　鑫　房姿晨　张佳祺　张金霄
　　　　　方中义　吕家玮　刘静茹

图书在版编目（CIP）数据

生态宜居的新型城乡建设与实践／中共陕西省委组织部组织编写．--西安：西北大学出版社，2021.1
ISBN 978－7－5604－4644－8

Ⅰ．①生… Ⅱ．①中… Ⅲ．①城乡建设—研究—中国 Ⅳ．①B299.21

中国版本图书馆CIP数据核字（2020）第236558号

责任编辑　桂方海　褚骊英
装帧设计　泽　海

生态宜居的新型城乡建设与实践
SHENGTAI YIJU DE XINXING CHENGXIANG JIANSHE YU SHIJIAN

中共陕西省委组织部组织编写
主　编　张成中

出版发行	西北大学出版社
地　　址	西安市太白北路229号　邮　编　710069
网　　址	http：//nwupress.nwu.edu.cn　E－mail　xdpress@nwu.edu.cn
电　　话	029-88303059
经　　销	全国新华书店
印　　装	陕西隆昌印刷有限公司
开　　本	710毫米×1020毫米　1/16
印　　张	14.25
字　　数	165千字
版　　次	2021年1月第1版　2021年3月第2次印刷
书　　号	ISBN 978－7－5604－4644－8
定　　价	43.00元

如有印装质量问题，请与本社联系调换，电话029-88302966。